愛，薪火相傳

羅慧夫精神永不忘

Samuel Noordhoff

羅慧夫院長獲頒總統及行政院長褒揚令

▲財團法人羅慧夫顱顏基金會的美籍創辦人、馬偕紀念醫院、長庚紀念醫院前院長羅慧
夫先生永投主懷，總統及行政院長頒贈褒揚令。

褒　揚　令

華總褒字第 1373 號

　　財團法人羅慧夫顱顏基金會美籍創辦人、長庚紀念醫院前院長羅慧夫，卓犖嶔奇，敏練慈愷。少歲卒業美國愛荷華大學醫學院，旋應邀來臺宣教行醫，開物成事，領異拔新，迭展四十載無私奉獻之崢嶸歲月，於馬偕醫院院長任內，倡議全人治療理念，提供山地巡迴服務；草立自殺防治中心，籌設灼燙傷處理部門，恤病救疾，痌瘝在抱；百務俱舉，慮遠功多。尤以創辦長庚紀念醫院兼整形外科主任期間，汲引前瞻管理制度，建策標準化作業流程；厚植秀異專業人才，精進學術交流研究；提供國內外義診教學，深化臺灣國際形象，竭智殫謨，明效大驗；徽聲丕基，時論譽美。嗣捐資濟成羅慧夫顱顏基金會，眷注患者多元需求，體現優質診療關懷，高情品致，翼善搖芳。曾獲頒吳尊賢愛心獎、醫療奉獻獎、外交之友貢獻獎、總統文化獎──人道奉獻獎暨紫色大綬景星勳章等殊榮。綜其生平，懿行嘉績──膏澤溥乎黎庶，弘道履仁──遐緒播於蓬島，惠風矩範，簡帙傳馨。遽聞嵩齡溘逝，軫懷彌殷，應予明令褒揚，用示政府崇念茂德之至意。

　　　　　　總　　　統　蔡英文

　　　　　　行政院長　賴清德

　　中華民國一〇八年一月四日

李登輝總統頒授羅慧夫院長

紫色大綬景星勳章

▲ 1999年11月2日，為台灣奉獻人生精華40年的羅慧夫院長於退休返美前，獲李登輝總統頒授「紫色大綬景星勳章」，羅院長偕家人與李總統伉儷於總統府會客室合影，右起為羅慧夫長女南西、第一夫人曾文惠、李登輝總統、羅慧夫院長、羅慧夫夫人露西、羅慧夫長子山姆夫婦。

李登輝總統頒授羅慧夫院長
紫色大綬景星勳章的通知函

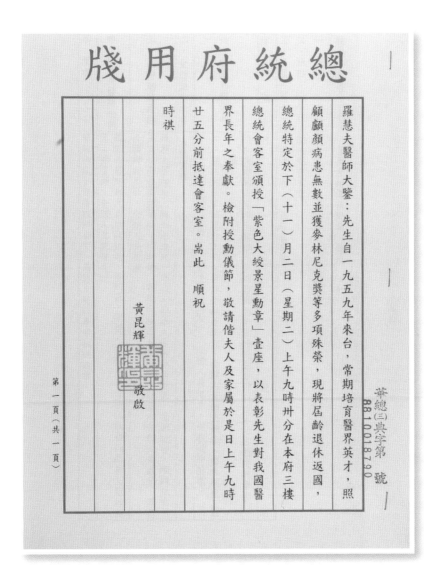

總統府用箋

華總(三)典字第 88100187.90 號

羅慧夫醫師大鑒：先生自一九五九年來台，常期培育醫界英才，照顧顏病患無數並獲麥林尼克獎等多項殊榮，現將屆齡退休返國，總統特定於下（十一）月二日（星期二）上午九時卅分在本府三樓總統會客室頒授「紫色大綬景星勳章」壹座，以表彰先生對我國醫界長年之奉獻。檢附授勳儀節，敬請偕夫人及家屬於是日上午九時廿五分前抵達會客室。耑此 順祝

時祺

黃昆輝 敬啟

第 一 頁（共 一 頁）

獲頒紫色大綬景星勳章

羅慧夫院長與李登輝總統話家常

▲ 1999年11月2日，為台灣奉獻人生精華40年的羅慧夫院長
（左）獲李登輝總統（右）頒授「紫色大綬景星勳章」，
授勳後，兩人手握手，相談甚歡。

羅慧夫院長獲頒第九屆總統文化獎

▲ 2017年11月，羅慧夫院長獲頒第九屆「總統文化獎」，由蔡英文總統（右三）頒獎，
因羅院長長居美國且年邁，由長庚決策委員會名譽主任委員陳昱瑞（右二）代領。

羅慧夫院長獲頒第六屆醫療奉獻獎

▲1996年2月9日，羅慧夫院長（前中）榮獲行政院衛生署「第六屆醫療奉獻獎」，與其妻露西、長庚整形外科團隊同仁及病友合影。

羅慧夫院長獲頒美國整形外科醫學會
麥林尼克獎（**Maliniac Lecturer**）

▲1994年，羅慧夫院長（左）獲頒美國整形外科醫學會最高榮譽的麥林尼克獎（Maliniac Lecturer），這是整形外科界最高殊榮。

羅慧夫院長獲頒英國整形外科醫師協會

GILLIES LECTURE 獎

▲ 2011年，英國「整形外科醫師協會」頒發英國整形外科界最高榮譽的「GILLIES LECTURE獎」予羅慧夫院長（右二），典禮中，羅慧夫院長的講題為「偶然的旅程」（A Serendipitous Journey），右一為羅慧夫夫人露西。

永遠的台灣人

　　1999 年，為台灣奉獻 40 年的羅慧夫院長退休前，長庚紀念醫院創辦人王永慶董事長褒揚他為「永遠的台灣人」，內容如下：

　　羅慧夫院長長期遠離家鄉和朋友，將他人生精華的四十年全心全意投注在台灣，幫助了此地無數罹患身心病痛的同胞，如此高貴的情懷及人格，值得我們台灣人民出自內心的感謝及欽佩。

　　他們不但在口頭上提倡博愛慈悲，而且透過教會組織的力量，將其崇高理想落實在具體的行動上，前往幾千里外的異地，去幫助和他們毫無任何文化血緣關係的人民，盡一切所能協助解除其身心的痛苦。

王永慶

〔序一〕

第二代子弟兵扛起傳承責任

　　恩師羅慧夫院長於 1999 年 11 月 12 日從台灣退休，搭機返美。前後幾個月，在台灣各界造成轟動，上自總統，下至庶民，每人都知道羅院長在台灣的愛心奉獻及豐功偉業。2000 年 9 月，「天下文化」出版由梁玉芳小姐著作的《愛，補人間殘缺：羅慧夫台灣行醫四十年》，當時更是洛陽紙貴。羅院長在台的事蹟，過去 20 年台灣人津津樂道，連小學五、六年級的國語課本都收錄了他的故事。羅院長對台灣的醫療體系、醫療教育及關懷弱勢的影響既深又遠。

　　自從 2000 年開始，每二年我們舉辦一次「長庚唇腭裂論壇」，每次都邀請恩師回來演講，並與院內外的年輕醫師座談。參加論壇的國內外專家有二、三百人，大部份是來自亞洲、歐美、非洲的專家學者。年輕醫師非常興奮能親眼目睹大師風采，親耳聆聽教誨。他回答住院醫師提出有關專業態度、人生抉擇、宗教信仰、事業方向等各種問題，並在

他們心中烙下了「羅慧夫精神」。2007 年以後，我們在單數年舉辦「長庚正顎手術論壇」，2013 年再次邀請羅院長蒞會，參加者來自 22 個國家，有 335 人，破往年紀錄，這是他最後一次回台灣。

1999 年羅院長回美國後，他在佛羅里達州和密西根州的大急流城輪流住，後來定居在大急流城。長庚同事們會找機會去看恩師、師母。我和太太也在 2017 年 7 月 10 日飛到大急流城。晚餐是在他女兒 Nancy 家，吃他女婿烤的牛排，羅院長講話有點慢，但思緒清楚，對過去的記憶非常鮮明。第二天我們去附近的公園，有機會幫恩師推輪椅，一起欣賞園內的雕塑藝術。回到住處，他最愛聊的是台灣的人、事、物，最關心的是長庚整形外科的現況以及顱顏中心的醫師動態。

2018 年 12 月 3 日他安詳辭世，返回上帝的懷抱。林政輝從台灣飛去大急流城參加告別式。我們於 2019 年 1 月 4 日在林口長庚、1 月 6 日在台北市中山基督長安長老教會辦了追思會，蔡英文總統親自參加林口長庚的追思會並頒發褒揚令。恩師的兩位兒子，Sam（山姆）及 Dirck（德克），及女兒 Anne（安）特地回來參加，而 Nancy 留在美國陪師母。2019 年中，Nancy 回來參加羅慧夫顱顏基金會的 30 週年慶，代表恩師家人對台灣各界的關懷，也分享了她長期陪伴恩師的感想，更提及恩師對長庚整形外科醫師的期待。

愛，薪火相傳
——羅慧夫精神永不息

　　陳志豪、張乃仁、周邦昀、盧亭辰四位年輕有為的長庚整形外科醫師，除了在個別專業有突出的表現，他們更注意到了長庚整形外科的精神。雖然他們沒有直接受教於恩師，可以說是第二代弟子，但他們觀察到羅院長的精神仍存在我們的同仁心中，他們發願要整理羅慧夫精神、傳頌羅慧夫的故事，更立志要傳承這種精神給下一代或下下一代。台灣有幸能有羅慧夫院長 40 年的醫療奉獻、改革、創新，身為第一代弟子的我，很高興看到第二代子弟兵願扛起傳承的責任，為再下一代整形外科的尖兵們注入羅慧夫精神。

　　本書編輯了第一代、第二代羅慧夫院長的弟子們的訪談，針對羅院長的信仰、創新理念、領導風格、教學方式、海外義診，以及協助國外成立顱顏基金會等主題，彙編成冊，讓讀者從羅院長退休後的生活、長庚同仁及第二代整形外科弟子們對羅院長及第一代師長的觀察，可以瞭解羅慧夫精神的影響及其延續，並期待將來的發揚光大。

長庚大學教授

長庚醫療財團法人決策會名譽主任委員

長庚顱顏外科資深顧問級主治醫師

陳昱瑞

〔序二〕

羅院長教導我們
如何成為有「愛」的人

《愛，補人間殘缺：羅慧夫台灣行醫四十年》，這一本羅慧夫院長的傳記，是每一位進入長庚醫院整形外科受訓的醫師必讀的書。長庚醫院整形外科之所以能夠名揚國際，有多項整形手術引領全世界，正是因為羅慧夫院長的領導。

身為長庚醫院整形外科第二代弟子，即使沒有直接受教於羅慧夫院長，但在羅院長的第一代弟子，也就是我們的老師們，以及周遭資深護理師、院長祕書的身上，時時刻刻都能感受到深植於長庚整形外科的「羅慧夫精神」。

「沒先念過書就來開刀，下去罰站！」

「縫得不好，拆掉重縫！」

外科醫師的訓練，過程就如同練武一般，要從基本功開始扎根，方能立穩腳步，更上層樓。羅慧夫院長的第一代弟子在嚴格的訓練下，各

個身懷絕技，揚名天下，幫助過的患者遍佈世界，無遠弗屆。他們把羅慧夫院長的教誨，內化成堅強的實力，發揮得淋漓盡致。然而由於時代背景的不同，身為第二代弟子的我們，無法親領羅慧夫院長的教誨，只能在老師的身上遙想當年羅慧夫院長的風采。

為了追逐羅慧夫院長的影子，每次他回台演講，當年的住院醫師總是認真地聽講。羅院長的到臨，對我們而言，就如同天神降臨。雖然因為他罹患巴金森氏症，英語夾雜台語的談話並不十分容易了解，但不知為何，每次聽他演講，心裡總是很感動。

我們都曾經去美國密西根州羅慧夫院長的住處，感受羅院長的「神力」。在他的身邊，總是可以感受到被一股強大的力量包圍。他是一位嚴格的老師，會在意你有沒有把手術做好；他也非常關心你，對於不夠完美的手術結果，他會不吝鼓勵你。

就是這個強大的力量，讓人想要義無反顧地追隨。

2018 年的年底，羅慧夫院長蒙主寵召，我們再也沒有機會聽到他親身的教誨。只能在追思會裡，環顧身邊的人群，想要從中尋找「羅慧夫精神」。想知道是什麼樣的事蹟、什麼樣的典範，讓這麼多人追隨他，愛戴著他。很多人追隨羅慧夫院長的腳步，是因為喜歡他的為人，然而對於實事求是的外科醫師而言，這樣的答案並不夠。我們想知道的是，

如果有幸直接受教於羅慧夫院長，會有甚麼樣的感受？想知道羅院長會如何指導我們？想知道我們做得夠不夠好？羅院長是否會滿意？

這本書的緣起，來自第二代弟子的請問。

書裡多是曾受惠於羅慧夫院長指導與影響的回憶，以及羅院長不為人知的故事。不同於先前的羅慧夫傳記，平鋪直敘羅院長來台40年的歷程，而是由眾人一段段的回憶，串連拼接出最直接、最坦誠、最真實的「羅慧夫精神」原貌。

這本書不僅僅提供了外科醫師如何追求完美手術成果的思考，也提供成為一個成功領導者的祕訣。更重要的是教導了我們，如何成就一個有「愛」的人的胸襟與作為。

《愛，薪火相傳——羅慧夫精神永不息》是一本人人必讀的書。

第二代弟子
陳志豪、盧亭辰
張乃仁、周邦昀

愛，薪火相傳
——羅慧夫精神永不息

目錄 Contents

羅慧夫院長退休

2018 年 12 月 3 日，亞太顱顏學術研討會在韓國舉行，會中，一則來自美國的訊息，透過無遠弗屆的網路，顯示在許多與會者的手機螢幕上，也映照在他們難掩悲傷、不願接受的神情裡。

這則訊息是說，馬偕和長庚醫院前院長羅慧夫醫師（以下稱羅院長），於睡夢中安詳過世，享耆壽 91 歲。訊息來自羅院長的長女南西（Nancy），她從小在台灣長大，並且在父親返美之後，經常協助接待來訪客人，她非常清楚在這樣的時刻，有哪些人是必須通知的，訊息很快跨越陸地與海洋，遞送到無數親友手裡，也勾動他們的心緒。

導師去世　人人懷念

會議中接受訊息最多的是來自台灣長庚醫院整形外科的一群醫師，以及來自菲律賓的伯尼醫師（Dr. Bernard U. Tansipek）等曾經接受羅院長指導和幫助的人。中場休息時間，多數與會成員心情沉重，為此互相慰問。

對他們來說，羅院長是他們生命中的導師，就像黑夜中的一盞明燈。以伯尼醫師來說，其實他在會前已規劃，將於會後第一次到美國拜訪退休的羅院長。

另一位常赴美拜訪羅院長的是林口長庚醫院外科部前部長羅綸洲

醫師，他接連好幾年，趁著到美國參加會議時，帶學生到密西根州大急流城（Grand Rapid）安養中心探望羅院長，每一次，羅院長都會關心從前交代他的研究題目「唇腭裂合併中臉部發育不全」，做得怎麼樣了？這個問題，今後只能放在羅綸洲醫師心裡自問自答。

2018 年 4 月，隨著羅綸洲醫師到大急流城的盧亭辰醫師，雖然未曾直接受教於羅慧夫院長，但她心心念念的，就是要在接下來的一年，把每一個唇腭裂病人的手術都做到最好，並累積照片跟資料，準備來年提出成果，跟羅院長分享。

「誰知再也沒有機會了。」2019 年 1 月，參加完兩場羅院長追思會的盧亭辰醫師，在自己的網誌裡寫下這樣的句子。

漫漫長假　精采人生

在「羅慧夫顱顏基金會」推出的紀錄片《長假》（Long Vacation）當中，羅院長的次子德克（Dirck）描述：「我常會引用馬克吐溫的一段話，來比喻雙親長年居留台灣的心情，這句話是『你的職業應該成為你的假期』。我的雙親在台灣度過他們的漫漫長假，我覺得這是莫大的福氣，因為他們的喜樂，就是我們的財富。」

這一段話，很好地概括了羅慧夫院長半生在台灣度過的日子，以及

家人間藉由親情與信仰牢牢相繫的緊密關係。

羅院長是一位醫療宣教士（missionary doctor），這是他在台灣服務奉獻 40 年的基調，「但他從來不會跟你說基督多偉大、信教多有福、會上天堂這一類的話。」1976 年進入長庚服務，既是羅院長的學生、也合作超過 20 年的長庚牙科部前部主任黃烱興醫師說：「事實上，他所做的事情，跟兩千多年前基督所做的差不多。」

羅院長以 17 年的時間帶領馬偕醫院走向現代化，成為有目共睹的一流教學醫院；之後擔任長庚醫院創院院長，奠定長庚醫療體系的基礎；他於鑽研醫術的同時，以不同於常人的遠見與胸襟，大力栽培後進，將長庚整形外科打造成世界整形外科的最高殿堂，又開創「羅慧夫顱顏基金會」，劍及履及，開創台灣醫療史上許多項「第一」，照顧台灣無數病患及家庭。

關於羅院長在台灣的事蹟，雖然繽紛到令人目不暇給，但細細地抽絲剝繭，會發現他所做的每一件事，全都指向同一個核心理念——病患優先（Patient First），爾後才是其他，諸如團隊合作（team work）、「精益求精，止於至善」（be the Best）等。這些由羅院長留給長庚整形外科最寶貴的資產，如今仍啟發一代又一代的醫師，在各自的領域裡，透過實際作為，將這些精神發揮到淋漓盡致。

巨人身影　後輩相隨

　　因為他們知道，這些精神絕不是口號而已。未曾親炙羅院長教誨的年輕一代醫師，他們可以從陳昱瑞、魏福全、黃烱興、楊瑞永、莊垂慶醫師等大師級師長身上，看見這些精神的具體呈現。如果再認真溯源，則會發現這些師長們過去所凝視、跟隨的，正是羅慧夫院長巨人般的背影。

　　提到醫師的訓練，羅院長可說是出了名的嚴謹。羅綸洲醫師想起從前跟著羅院長學開刀的日子，笑著分享：「有些手術他會讓我來做，一有開刀開不好的地方，他真的會氣到跳腳，一邊用腳踩地板，一邊很大聲地罵。那個聲音是大到，只要他一罵，別的手術室就會曉得：『啊！隔壁小羅又被罵了。』」

　　對此，羅綸洲醫師十分感歎：「他相當嚴厲，對於開刀的細節，看不得一點瑕疵。『你要做，就要做到最好！』在他面前，一點都不能馬虎。」

　　要求雖高，卻不影響學生們對他的景仰，也不影響他在學生眼中嚴師與慈父兼具的形象。而且不只對科內醫師，羅院長把他的團隊、他的朋友們，全部視為家人。而他的台灣朋友們，也同樣以家人的心情來對

愛，薪火相傳
—— 羅慧夫精神永不息

待羅院長，這並沒有什麼特別的原因，只因為羅院長已經先這麼做了。

在台灣的 40 年，在這座島嶼結下無數善緣的羅慧夫院長，當他要離開這片土地時，莫說眾多親朋好友不願見他離去，羅院長對他的第二故鄉台灣，同樣戀戀不捨。

卸下重擔　離情依依

早在 1992 年，羅院長便已屆 65 歲退休年齡，他卸下宣教士職務，但續留長庚服務。從馬偕時期就跟隨羅院長的黃吉華祕書，在《長假》裡面提到：「過了 65 歲之後，他每年都會提到他會不會退休回美國的問題。後來過了差不多五年，我想，他大概不會回去了。直到今年春天四、五月的時候，忽然有搬運公司打電話來問，『羅院長的東西什麼時候可以去打包？』我才說：『哎呀！要打包啦！事前一點跡象都沒有。』那時候是春天，我卻忽然覺得怎麼鳥也不叫、花也不開了，一下子好像回到冬天，我深刻意識到，院長真的要走了。」

別說貼身祕書以為羅院長不會退休，就連他的女兒都一度以為不會有這一天。同樣在《長假》裡，羅院長對著二女兒安（Anne）說：「你不相信我要退休，對吧？」安的回答是：「對，不信，我朋友也不信。我跟他們說我爸要退休了，他們說：『才怪，你已經說了五年了。』」

這雖然是玩笑話，卻也反映出羅院長與台灣的連結之深刻，所有的人都看得清清楚楚。

「台灣是我的故鄉，我會再回來。」影片的最後，人已到機場的羅院長，用流利的台語，微笑著對著鏡頭這麼說。

▲ 1999年，長庚紀念醫院為前院長羅慧夫醫師在長庚大學舉辦退休歡送會，王永慶董事長（第二排中間）親自參加。後排打紅領帶者為羅院長，紅衣的是羅院長夫人露西。

▲1999年10月28日，林口長庚整形外科手術室同仁舉行茶會，歡送羅
慧夫院長退休。

▲1999年，羅慧夫院長退休，林口長庚整形外科手術室同仁舉行茶會歡
送，孫輩女同仁開玩笑在他臉頰親個口紅印留念。

▲1999年，羅慧夫院長退休，整形外科手術室同仁舉行茶會歡送，同仁開玩笑在羅院長臉上塗抹蛋糕奶油後合照。

長假未竟　候鳥往返

對著鏡頭許下的諾言，羅院長立刻就兌現了，如同在台灣的 40 年一般，他言出必行，幾乎每一年，長庚整形外科的朋友都有機會在兩種不同的場合見到羅院長，一是科裡辦理各式各樣會議時，總會力邀羅院長返台指導，他於是回到長庚、回到羅慧夫顱顏基金會，跟親朋好友相聚。二是他會趁著回台期間，率領長庚顱顏外科的義診團隊到鄰近的發展中國家義診。對於這些好朋友來說，他們心目中的羅院長、羅教授、羅爺爺，似乎從未真的離開過。

▲2002年，羅慧夫院長（右）回台參加論壇，左為陳國鼎醫師。

▲2011年，羅慧夫院長（前左四）回到林口長庚醫院參加會議，他在整形外科
　演講後與同仁合影。

▲2011年，羅慧夫院長（中）回到林口長庚醫院，受到年輕醫師簇擁。

　　「雖然家父於 1999 年就回到美國定居，但前面的十幾年，我也沒有常常見到他。」羅院長的女兒南西說。她在羅院長過世後，第一次回到台灣，在黃吉華祕書家中，偶然夾雜一點台語單詞，用英語娓娓道來：「我住在密西根州，他們則接受我阿姨，也就是我母親露西（Lucy，中文名：白如雪）的姊姊的建議，在佛羅里達州的那不勒斯（Naples）買了一棟公寓，跟我的阿姨、姨丈當鄰居。一年裡的大部分時間，大概是每年的九月到次年五、六月，他們都住在那裡，夏天才會來密西根州。在他們住在佛州的那幾個月，我大概會去拜訪他們一到兩次。」

　　推算起來，羅院長夫婦每年住在那不勒斯的時間，應該還會再少幾

星期，原因是他回台灣和義診去了。由於羅院長的子女們婚後散居美國各地，一家人少有全員團聚的時刻。「那段時間對他們來說，是一段很美好的時光，對我母親尤其是如此。之前他們長年在台灣，沒有機會跟姊姊相處。」南西繼續分享：「這兩對夫妻互相陪伴了好幾年，一起打網球、打橋牌、吃飯。我的姨丈麥克斯（Max）喜歡釣魚，有時候家父也會陪他一起去。」

退休生活　輕鬆寫意

除了好好跟家人相聚，羅院長夫婦也投注不少時間經營退休生活。南西說：「雙親參與很多教會事務，比方說在教會裡教主日學。他們後來換到一座獨棟的房子住，有比較大的空間，於是舉辦以聖經研讀為主題的讀書會。每個星期天晚上，一些教會的朋友會聚集到他們家，在一個半小時中，一起讀書、討論，吃蛋糕、喝咖啡。」

「家父喜歡閱讀，起先因為讀書會的關係，會讀一些跟聖經有關的書籍。後來我先生提供一架平板電腦給家父，也把他的電子書閱讀軟體帳號給他，這個帳號裡有什麼，家父就讀什麼。但他看最多的可能是小說，像是間諜小說、懸疑小說、歷史小說等。」南西笑著說：「家父健康狀況還不錯的時候，他還志願去高爾夫球場當「起點員」（starter），

這樣,他就可以免費打高爾夫。這大概是他這輩子打最多高爾夫的日子。總的來說,我想他是很享受退休生活的。」

▲ 2006年聖誕節,羅慧夫院長攝於美國家中書房。

從 1999 年返美,到 2013 年因健康狀況無法負荷,羅院長從此不再台美兩地往返。這 14 年間,也許是羅院長一生過得最輕鬆寫意的時候,既能夠好好享受生活,又有餘裕南來北往、東走西顧,盡情跟親朋好友相聚。2011 年,羅院長罹患帕金森氏症,並於 2013 年,在學生及朋友的資助下,完成在單側植入深層腦部刺激器的手術。「手術前後,醫師做了一些測試,發現刺激器植入後,造成一些跟記憶相關的問題,

所以另外一側就沒有做了。」南西說：「但是已經完成的手術，讓家父的右手可以保持穩定。這樣比較好。」

完成手術後，羅院長於 2013 年最後一次踏上台灣的土地。從羅慧夫顱顏基金會拍攝的另一支紀錄片《長假過後》（Long Vacation Thereafter）可以看出，雖然他無法控制身體不自主的顫動，但是相較之下，右手確實穩定許多，顯見手術是有成效的。這是羅院長最後一次站上長庚論壇（Chang Gung Forum）的講台，再一次分享半世紀前他來到台灣的情景：「那是 54 年前的 9 月 29 日，民國 48 年……。」

▲2013年，羅慧夫院長最後一次返台，在桃園長庚醫院登台演講，聽講者起立鼓掌致敬。

▲2013年，羅慧夫院長（打紅領帶者）最後一次返台，於林口福容飯店晚宴時，同仁
獻唱一首他最喜歡的歌「Moon River」（月河）。

　　最後一次參加長庚論壇的幾天，基金會為完成《長假過後》，安排
人員訪談、跟拍羅院長，有好幾個鏡頭是在長庚顱顏中心完成的。影片
中，他說：「我們培訓的醫生表現出色，成為他們各自領域的領導者。
看到他們技術跟能力的進步，是很美好的一件事，顯示他們一直為了做
得更好而不斷努力。」受訪時，他的身體因為帕金森氏症，規律地顫動
著，但他仍不疾不徐地說出他對子弟兵的肯定，以及內心的盼望：「我
心裡總是想念這裡的每個人，他們都是我的朋友，我當然想念他們，希
望有一天能再回來。」

回到原點　安度餘年

　　羅院長的心情，台灣的朋友們都知道。他們也曉得，以羅院長的健康狀態，怕是再也沒機會踏上台灣的土地了。他的女兒南西回憶：「我雙親住的社區附近有個湖，在家父健康狀況還許可的時候，他每天都會去打網球，然後跟母親沿著湖邊散步。就算後來需要助行器才能走，他還是維持散步的習慣。」又說：「家父腦部植入手術完成後，有一次我跟先生到佛羅里達州探望他們。那天，家父在散步時跌倒了。幸好我們就在那裡，可以趕快開車送他去急診室。」

　　這一次跌倒，讓羅院長及他的家人認知到，因為他的腦部裝了植入物，當地的醫院沒有辦法處理，「我們只能把家父載到邁阿密（Miami）或傑克森威爾（Jacksonville）的大醫院。因為只有在大醫院，才能把植入物關機，檢查他是不是顱內出血等等。但這不是家父唯一的跌倒。」南西接著說：「我先生覺得那段時間家父跌倒太多次了，所以，把兩老接回密西根住是唯一的辦法。我們知道，這裡有足夠的醫療資源，可以在家父需要的時候協助他。」

　　南西和他的先生立刻向羅院長跟露西提議：「是時候你們該搬回密西根州定居了。他們也很快就同意搬回來，雖然家母有點捨不得佛羅里

達州。」南西說：「一方面她怕冷，再來他們在佛羅里達州住了十幾年，有很多的朋友在那裡。但家父也知道搬回來是比較好的選擇。他們在密西根州有房子，但我考慮到父親的病況，鼓勵他們把房子賣掉，搬進安養之家。我的公公、婆婆也住在同一個安養之家。之後他們就定居在這邊了。」

搬到大急流城，除了基於醫療跟照護的考量，對於羅院長而言，也有回到原點的意義。南西表示：「雙親的母校霍普學院（Hope College），距離安養中心只有45分鐘車程。他們就是在那邊認識的。」此外，大學畢業後，年輕的羅慧夫曾回到家鄉愛荷華州就讀醫學院，後來他在大急流城的百特歐斯醫院（Butterworth Hospital）接受四年的外科住院醫師訓練。

不僅如此，最初羅慧夫醫師決定成為醫療宣教士、遠赴台灣行醫、出任馬偕醫院院長，都是由大急流城的教會朋友引介的。而當羅院長驚訝於台灣唇顎裂病人之多、醫療資源之少，毅然決定返回美國，再接受兩年整形外科住院醫師訓練時，他選擇的仍然是百特歐斯醫院。

「爸媽在這邊本來就有一些朋友。我想，這些都是家父決定回到大急流城的重要原因。」南西說：「爸媽搬到大急流城之後，每年都有長庚的學生或後輩拜訪家父。那些他不曾教過的後輩，到美國、加拿大進

愛，薪火相傳
——羅慧夫精神永不息

修時，順便來拜訪，家父都很好奇他們來美國學什麼，會想看看他們動手術的影片、寫的論文，聽聽他們在做的事。我想，家父是很喜歡這些拜訪的。」

學生探訪 絡繹於途

羅綸洲醫師說：「有些醫師知道怎麼去拜訪羅慧夫院長，像黃烱興醫師、陳昱瑞醫師，還有我的師兄曹賜斌醫師，都曾去看過羅院長。」「至於我，自從他沒辦法回台灣以後，每年三、四月，美國唇腭裂暨顱顏學會（American Cleft Palate-Craniofacial Association, ACPA）開年會前後，我都會跟太太飛到大急流城探望羅院長夫婦。每年開年會前，都會有人來問我可不可以同行，所以每次我都會帶幾個人一起去拜訪。」

就羅綸洲醫師印象所及，2016 年同行的是廖郁芳醫師，2017 年是賴瑞斌醫師與周邦昀醫師；2018 年最後一次，則是帶著盧亭辰醫師去。「羅院長後來都是坐輪椅，我們一起出去散步，或是晚飯後陪羅院長回房，輪椅由大家輪流推，邊走邊聊。」羅綸洲醫師說：「羅院長雖然走不動了，他還會讀醫學雜誌，跟我們討論裡面的學術文章。他一生念茲在茲的就是唇腭裂治療的志業，你跟他聊生活，講來講去，話題怎麼樣都會跳回到這裡。只能說，他真的是值得我們學習的楷模。」

▲ 2016年，長庚顱顏外科同仁、羅慧夫顱顏基金會及病友代表去美國大急
流城，探望年邁的羅慧夫院長（前），後排左起為：陳傳玲病友、甄秀蘭
祕書、羅院長夫人、病友林蕙芳法官、曹賜斌醫師、基金會王金英前執行
長、李貴惠護理師、黃慧芬醫師。

◀2017年，陳昱瑞醫師
夫婦去美國探望年
邁的老師羅慧夫院長
（中）。

▲ 2018年，羅綸洲醫師（後右）偕妻女及盧亭辰醫師（左一），赴美探視羅慧夫院長伉儷（左三、四）。

▲ 2016年，廖郁芳醫師（左三）跟羅綸洲醫師夫婦（左一、二）去美國探望羅羅慧夫院長夫婦（右一、二）。

精神不死　薪火相傳

　　羅慧夫院長於 2018 年 12 月 3 日永息主懷以後，長庚整形外科團隊與羅院長的家人們，依舊維繫緊密的聯絡，不少醫師還是會趁著到美國時，順道探訪仍然住在大急流城的露西。若說雙方還有什麼放心不下的，大概就是羅院長的精神遺產該如何傳承下去。

　　「我希望他的精神遺產可以繼續傳承，相信家父也會這麼希望。他有太多關於台灣的美好回憶。」南西說：「我覺得他要的並不是繼續把焦點放在他身上，而是這些精神遺產可以由家父訓練的，像陳昱瑞醫師、羅綸洲醫師，或是年輕的、沒有直接被他教過的醫師，大家共同接續下去。」

　　陳昱瑞醫師說：「事實上，在我們科裡，凡是跟羅慧夫院長接觸過的同事，多多少少都能從他們身上看到一些跟羅院長相似的工作熱忱，像是把病人擺在第一位，及對美好的追求等。這些態度跟文化基因，在我們所謂的第一代弟子的同事裡面，是看得到的。」「我一直在想的是，沒有跟他接觸過的年輕醫師，是否可以在我們第一代子弟身上學到一些他的精神？」

　　陳昱瑞醫師直言，在行醫這條路上，「我最幸運的就是能跟隨羅院

愛，薪火相傳

—— 羅慧夫精神永不息

長最久。尤其我在長庚的經歷跟他很相似，擔任過科主任、院長，一路以來，就好像把他走過的路再走一次，他對我的為人處世有很多正面的影響。我也希望下一代的人能從我們身上，可以看見、學到羅院長傳下來的精神。這些精神對醫療專業、領導、做人，及對待病人的方式，都有很大的幫助。」他表示：「其實羅院長的精神一直都在，因為在台灣只要提到醫療，羅慧夫院長就是一個代表，只是他的名字有沒有被特別提出來而已。」

南西則說：「如果家父有一個願望，那一定就是希望長庚的年輕醫師，能把他的服務精神傳承下去。」她篤定並滿懷希望地說：「就我接觸過的年輕醫師，看起來都很願意接棒努力下去。他們願意做這件事，我很感激。」

二、

信仰、服務與奉獻

愛，薪火相傳
──羅慧夫精神永不息

「當我閱讀羅慧夫院長的故事的時候，我一直在想，基督教的信仰，究竟帶來什麼樣的力量？」坐在長庚桃園分院地下一樓的會議室裡，整形外科顱顏中心的盧亭辰醫師，娓娓說出她的疑問與好奇：「我當住院醫師的時候，在長庚整形外科輪訓了四年，我非常非常喜歡一位老師──莊垂慶醫師。他是一位很認真、很執著的人，嚴格又很有趣。我知道莊醫師夫婦和羅院長夫婦都是基督徒，莊師母過去和羅院長夫人Lucy（露西，中文名：白如雪）還是同一個讀經班的。雖然我不是基督徒，但我非常好奇，信仰對他們的影響到底是什麼？」

盧醫師說：「雖然沒有機會直接受到羅院長的指導，但我們跟莊醫師和師母都很熟。有一次我問莊師母，到底是什麼樣的力量，讓大家變得這麼肯奉獻、這麼執著？為什麼宗教有這麼大的影響？」「師母說，她覺得信仰能讓一個人的思想裡，不會只看得到名跟利，可以放大一個人的格局。」

無私的奉獻　羅慧夫不只是基督徒

在長庚醫院，曾經和羅院長共事合作的夥伴、學生，並非全都信仰基督教。但在大家的眼裡，羅院長絕對堪為基督徒的典範。創院第一年（1976 年）即進入長庚接受住院醫師訓練、與羅院長共事二十多

年的矯正牙科黃焵興醫師說：「大家都知道羅院長是一個 missionary doctor（醫療宣教士）。大家都說，他是基督徒，所以他把整個精神都奉獻出來。事實上，不只是這樣。」他繼續說：「我們看過很多其他的 missionary doctor，動不動就『阿門』。但是羅院長不會，他不會跟你說基督多偉大、信教有福會上天堂。」

▲ 2016年，第二代弟子盧亭辰醫師（右二），偕夫婿姚全豐醫師（左一）
　　與女兒，去美國拜訪羅院長夫婦。

「我不是基督徒，可是我跟羅院長相處非常久。」黃醫師繼續說：「他不會把關心、把信仰掛在口頭，可是他永遠都會幫別人著想，包括你需要什麼？怎麼做對你最好？跟他一起做事是這樣，看他幫助窮苦的

病患，也是這樣。當你有什麼困難，他會幫你解決，如果你缺少什麼資源，他會幫你找來。他真的是在做耶穌基督兩千多年前在做的事情，走基督的路，但不講基督的名，所以令人感動。」

不只黃醫師，從其他人口中，也能得到對羅院長為人處世的感想。例如護理師李貴惠便說：「羅院長真的是很好的基督徒，也是一個生活哲學家。」李貴惠曾在長庚燙傷中心服務、擔任蔡裕銓醫師的雷射技術員，從 1992 到 1999 年，她擔任羅院長與患者間的溝通窗口，伴隨羅院長往來於台北、林口、高雄長庚三個院區的門診與開刀房，她說：「羅院長的行動跟愛，感動了我，他待我就像自己的女兒一樣。因為個人因素，我一直都沒有信基督教。我知道他希望我信教，他對所有他在意的人都有這樣的期望。雖然他有時候會邀請我一起跟他祈禱，可是呢，他從來沒有講過：『妳要來信主。』他最特別的地方，就是有一顆別人沒有的赤子之心。我覺得這就是為什麼他來台灣可以奉獻得這麼快樂，然後說回去就回去。」

晚盧亭辰一屆的周邦昀醫師說：「我到長庚任職時，羅院長已經退休回美國去了，對於他的事蹟，我都是只聞其人。雖然他曾經回來長庚幾次，但很難有那麼近的接觸。也許你會問，我們既然沒有機會跟他相處，怎麼還是有那麼多感觸？我覺得這個感觸是間接來的。」

▲ 2006年9月20日，李貴惠護理師帶兒子少軒到圓山飯店探望羅院長。

　　周邦昀是 2006 年進入長庚醫院，接受一般外科及整形外科訓練的醫師，他繼續說：「我們整形外科在開晨會的時候，很多老師，像陳昱瑞醫師或魏福全醫師，他們都會一再提起他們的老師，也就是羅院長的事蹟。所以我們會問，這兩位老師都很高強了，他們還有他們敬佩的老師，那不就是更高強的人嗎？」

　　「歸納從老師們口中聽到的，可知羅院長有幾個特別的地方。」周醫師回憶：「第一、羅院長沒有私心；第二、他有遠見；再間接聽到的是，他會聞聲救苦，經常自掏腰包幫助家庭經濟不佳的患者。」

到後來，又陸續在會議上聽到老師們號召，希望科裡的主治醫師們可以奉獻一些錢，協助羅院長在美國治療帕金森氏症手術的費用。那時候我還是住院醫師，什麼都不懂，只覺得很困惑：「羅院長需要錢嗎？於是我去做一些功課，才了解到他之前在台灣做過的事、幫助過的人，由此也讓我萬分感歎：『怎麼會有這種人？』」

承擔責任 就是一種犧牲奉獻

羅院長在台灣 40 年的貢獻，除了他與他的家庭投注在這塊土地上的時間和心力，更作育無數英才，致力於將最好的醫療制度與醫護團隊帶給國人。他啟發、影響了為數眾多的醫師、護理師、醫事人員和社會工作者，就連他前後擔任馬偕、長庚兩家醫院的院長，一肩扛起醫院經營的責任，其實也是一種奉獻。

「羅院長的專業是唇顎裂，自從 1978 年卸任長庚醫院的院長，他後半生的心思其實都花費在唇顎裂的治療上。」1977 年進入長庚醫院服務，向來被外界譽為「羅慧夫首徒」，也在長庚體系擔任過諸多要職的陳昱瑞醫師，有感而發的說：「羅院長專注在這個領域的時候，你可以看到，他在學術跟臨床上獲得的成果，比從前擔任行政職的時候更好、更高。」「做為一位醫師跟研究者，要他去當行政主管，對他而言，

其實是一種犧牲和奉獻，讓他把時間和心力都給了這個機構。」

　　陳昱瑞繼續說：「擔任主管對於個人名望會有所提升，可是在學術發展方面反而是犧牲。你可以看到他後來寫出的漂亮論文，不僅提升了他在國際學術圈的表現，也讓他成為這方面的大師。這樣的專注，對於他的病人才是重要的。」

▲ 2017年，陳昱瑞醫師到美國探望退休的老師羅慧夫院長，並推輪椅陪他散步，兩人同看羅院長用手機拍照的取景。

愛，薪火相傳
—— 羅慧夫精神永不息

　　也許是受羅院長以身作則、願意承擔責任的精神所影響，1990 年代以降，長庚整形外科有不少醫師，包括陳昱瑞醫師，陸續出任長庚體系的要職。這樣的承擔與奉獻，有時候固然會體現在職銜、名望與行政加給方面，有的時候則未必如此。

　　被諸多同仁、後輩暱稱為「麗虹阿長」的林麗虹護理長回憶：「1982 年 8 月 16 日，我才到長庚醫院服務，那年 9 月，我開始在開刀房跟羅慧夫院長搭配，從他的刷手護理師做起。」她說：「最早我是跟羅院長，還有跟著與他一起從馬偕過來的蔡裕銓大夫開刀。雖然羅院長都講台語，但起初我不太聽得懂，因為他的台語是很典雅的那種，跟我們習慣的口語不太一樣，又有一點點美國人的腔調。後來開始慢慢熟悉他的語言、他的動作，就能夠從他身上學習到很多，也感受到他對大家的關懷，包括對員工的愛，對病人的愛。長久下來，很自然地就會受到羅院長的影響。」

　　麗虹阿長說：「羅院長那種無私的愛，很容易感染身邊的人。所以，我也越來越把關懷投注到病人身上，變成一種習慣。到最後，我連休假日都會進到開刀房幫忙。不只是我，我們科裡面很多護理師都跟隨過羅院長，也都受到他的影響。」她表示：「我們還有機會觀察到一件事，就是他會一直盯著醫療器械發展的動態，他覺得要有好的工具，才可以

好好教育學生，給病患最好的醫療服務。」所以，他不會只買自己用得到的工具，對於整個整形外科團隊的需求，只要是必需的，他都會跟王永慶董事長、還有醫院的行政主管好好溝通，取得同意跟支持再進行採購。「所以我說他無私，完全無私，而且在無形中都烙印在我身上，也影響到我現在怎麼樣去帶開刀房的 member（成員）。」

「最有趣的是，後來因為整形外科的病患越來越多，醫師們又要台北、林口兩邊跑，科裡一度人手不足，有兩年多我等於兼著做總醫師的工作，幫忙控管科裡醫師的動態，包括誰該去病房、誰該去看急診、誰該去會診、誰去開刀房、誰留守、誰值班。」麗虹阿長繼續說：「那時候還沒有手機，只有電話跟傳呼機，等於誰在哪、人力怎麼調度，全部都是來問我，或是看我排的每日動態表。」

「你知道這件事是怎麼源起的嗎？」麗虹阿長笑著說：「可能羅院長不便自己來說，他請蔡大夫來找我。那天，我在蔡大夫的開刀房當巡迴護理師，蔡大夫忽然叫我：『麗虹！麗虹！』接著說：『你嫁給整形外科好不好？』」

回想起當時的情境，麗虹阿長仍覺得好笑：「蔡大夫說：『我們全科想請妳幫這個忙，但是也很抱歉，科裡目前沒有預算，沒有辦法支付請妳幫忙的費用，所以才想請妳嫁給整形外科。』」

麗虹阿長表示，她那個時候傻傻的，就同意了，關於酬勞，她說：「沒關係，我已經領醫院的薪水，不能再另外拿錢。」她說：「你看，這會不會很有趣，怎麼找一個護理師來做這個工作？」但她覺得做得到，於是答應，「羅院長也很高興我願意幫這個忙。兩年多後，總醫師人手多了，才結束我這個小小總醫師的工作。」

不露形跡施予　才是真奉獻

在羅慧夫顧顏基金會拍攝的紀錄片《長假過後》（Long Vacation Thereafter）裡，李貴惠護理師這麼說：「我覺得羅院長不應該那麼早回美國，因為他的中心目標就是為人家服務，我覺得院長是一輩子要替人家服務的那種人。他太早退休了。雖然他是為了陪太太，可是我是覺得他在行醫方面可以再長一點時間。」然而，同樣的紀錄片中，黃吉華祕書則有不同的看法：「羅院長一直都在啊！他蠻活躍的啊！」

在 2013 年以前，羅院長確實容易給人一種「他一直都在」的感覺。除了幾乎年年回到長庚參加會議，每當回到台灣，也會帶著長庚顧顏中心與羅慧夫顧顏基金會的團隊，到鄰近國家進行唇腭裂義診。有關海外唇腭裂義診，是羅院長在 1998 年開啟的創舉，目的不只是開完刀就結束，而是要將在長庚累積超過 20 年的經驗與觀念，帶到唇腭裂治療仍

在發展中的國家，協助他們建立全人醫療團隊。在這方面，繼羅院長之後克紹箕裘的，首推長庚北院區外科部前部長羅綸洲醫師。

由於跟羅慧夫院長的中文姓名同姓，羅綸洲向來被科內同仁暱稱為「小羅醫師」，有關國外義診，他表示，長庚既然能站得起來，又做得很好，就應該去幫助別人。「在我的觀念裡，每個人在一年之中，多少要空出一段時間去幫助別人，做一些公共服務，我對我的女兒也是這樣教導，她現在會配合他們公司的活動去海邊淨灘，或是到養老院陪老人家下棋、聊天。」羅綸洲說：「我選擇到海外去貢獻，只是因為我的專長剛好是在唇腭裂治療這一塊，如此而已。」

「對於開發中國家的朋友，我理解他們需要幫助，同時也需要受到尊重。我出身貧苦家庭，對於這樣的心境，很能夠體會。」羅綸洲醫師表示，跟海外的朋友相處，如果能用不同的角度去看事情、想事情，可以得到他們更多的尊重。也就是說，讓他們感覺我們並不是施予者、給予者，而是以朋友的立場跟他們互相合作。「只有透過對等立場，得到他們的信任，這個合作才會可長可久，他們才會願意持續跟我們學習，汲取經驗，建立他們的唇腭裂治療團隊。」

2000 年進入長庚接受住院醫師訓練，較為資深的陳志豪醫師表示：「我有一個深刻的感受，就是為善或者幫助病人時，要注意一下他們心

愛，薪火相傳

——羅慧夫精神永不息

中的感受。」「我們不能從救濟、施捨的概念出發。我間接知道，羅院
長在試著提供別人協助時，往往不是直接給錢，而會透過別的機構，比
如說先拿錢出來給醫院的社會福利部，或是教會等單位，以補助或獎學
金的名義，提供給他想要協助的人。像這樣的榜樣就會讓我了解，直接
給錢的方式，不見得是真幫助。當我們想幫助別人的時候，應該要顧慮
到當事人或者家屬的心情。這種做法，比直接給錢的層次又高了一些。」

▲2017年，第二代弟子陳志豪醫師（後左）偕家人
　去美國探訪羅院長夫婦（前右及左一）。

　　「這類的事情，不是在教科書上可以學到的。對我們後生晚輩而言，意義深遠。」陳志豪醫師進一步補充：「我們今天從羅院長傳承到的，倒不是手術的術式，因為隨著醫療科技跟觀念的改變，術式會一直進步，但是羅院長的言教跟身教，以及他為人處世的態度，是經得起時間淬鍊，歷久彌新的。」「只是這種屬於精神層面的事物，比較不容易留下來。除非我們意識到羅院長精神遺產的珍貴，並且找到傳承的方法，才可能再傳承給更年輕的醫師。」

開枝散葉　感召更多願意奉獻的人

　　在紀錄片《長假過後》（Long Vacation There after）裡面，師事莊垂慶醫師、專長顯微神經重建的張乃仁醫師，在影片中表示了他對羅院長的感受：「我想現在台灣的醫療界，存在一種集體焦慮症，就是當醫療過程不順利的時候，醫師往往會擔心被病人控告，造成大筆的賠償，或是上法院，被判刑。但是這類事情在羅院長身上幾乎看不到，這是因為他的無私與大愛，感動了大家，從而克服了人性的弱點。」

　　張乃仁醫師當時剛升上主治醫師，是受訪者中最年輕的的一位。多年過後，他已身為一家之主，對於羅院長的無私與大愛、服務與奉獻，又有更深一層的感觸：「羅院長的服務與奉獻，我們聽到非常多。光是

他做為醫師，不在美國執業，偏偏跑到當時屬於開發中國家的臺灣來受苦受難，就是很不可思議的一件事。」他說：「周邦昀醫師提到有一年科系裡面要募資，籌措羅院長動腦部手術經費的事情，那是林志鴻院長當主任時候的事。這件事即可反證羅院長犧牲奉獻到什麼程度，導致退休後沒有留下太多財產。不過我覺得羅院長的概念是對的，我也非常佩服。」

張乃仁表示：「我們整天在醫院上班，能夠消費的時間順勢減少，收入最多是用在自己的專業，還有家計。所以人的需求真的不多，我想羅院長是深知這個道理的。」

陳志豪醫師則說：「我想，雖然我們沒有機會直接被羅院長指導，但是對於他的無私、奉獻，還是有很深刻的感觸。」「就是覺得，一個外國人把他生命中最精華的 40 年，全部犧牲奉獻給我們的國家。如果說我從未聽過羅院長的事蹟、從未接觸過這樣一位令人敬重的長輩，我可能會像多數人一樣，把我的本分做好，時間到了就退休。然而，受到羅院長的宗教家精神感召後，我會希望以他為榜樣，去做一些不同的生涯規劃。當然這就不只是我個人的提升，並且希望這個好的影響能夠繼續擴散出去，種植出一片森林來。」

三、

領導學──
擔任領導者的原則

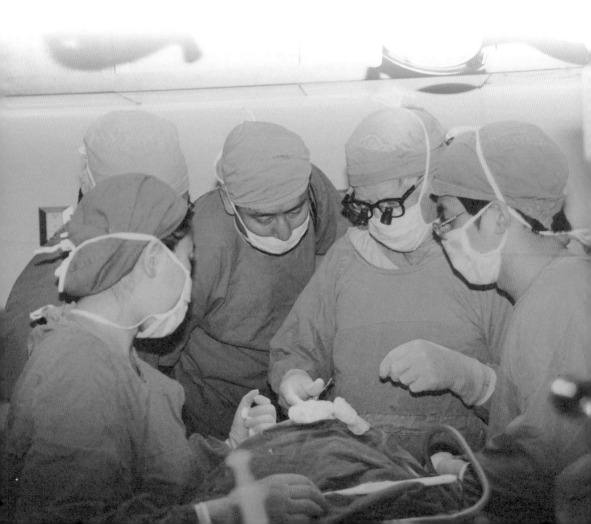

愛，薪火相傳
—— 羅慧夫精神永不息

　　在一幀黑白照片裡，可以看見 1981 年長庚創院初期，整形外科八人團隊的合影，他們是羅慧夫、蔡裕銓、陳昱瑞、魏福全、陳宏基、翁昭仁、楊瑞永、盧科思（Christopher Leuz）醫師，羅慧夫院長站在後排中央，雖然身高鶴立雞群，卻與一般團體照中領導者站在前排中央的做法不同。但後來的團體合影，尤其是 1992 到 1999 年的照片，羅院長通常會坐在前排居中的位置，陳昱瑞、魏福全分坐左右，顯示出 1990 年代，這三人在長庚整形外科的領導地位。

　　不同時期的站立位置，象徵不同層次的意義。現任長庚醫院整形外科顱顏中心主治醫師林政輝，以一貫平穩的聲調，不疾不徐地說：「早年，他通常會站在比較後面、周邊。在一個團隊裡面，如果你站在隊伍最前面，那你或許是一個 leader（主管）；但如果是站在比較後面、側面的位置，則會成為推手，因為看得到整個團隊。擔任推手，不需要一直站在最前面，羅院長是一個有願景、有 vision（視野）的人，他用比較高的角度，看到每個人的特質跟未來。這就是為什麼這個團隊的每個人都能有他的發展，而各自發展到最後，又能回來 support（支持）這個團隊的原因。」

　　「很多人都形容羅院長的人格特質就像檜木桶的『桶箍』，木桶的每一片檜木，都有各自的香味、形狀跟溫度，有自己的方向。但是

用桶箍箍起來以後，一起做的事情就不一樣了。」林醫師說：「羅院長1999 年退休回美國時，是我擔任住院醫師的第三年，也已經在整形外科接受了一半的訓練，我記得，擔任住院醫師的第一年、第一個月的輪訓，就是在整形外科的顱顏中心受訓。一踏進門，就能感覺到裡面的凝聚力跟溫暖。」

▲1981年長庚創院初期，整形外科八人團隊合影，左起陳昱瑞、陳宏基、翁昭仁、楊瑞永、羅慧夫、盧科思（Christopher Leuz）、蔡裕銓、魏福全醫師。羅慧夫院長在後排中央。

愛，薪火相傳
——羅慧夫精神永不息

▲1987年，長庚整形外科醫師合影，前左三為羅慧夫院長。

▲1988年，長庚整形外科醫師合影，前左四為羅慧夫院長。

▲1995年，長庚整形外科醫師合影，羅慧夫院長在前排最中間。

▲1999年，長庚整形外科系全體人員合影，羅慧夫院長坐在前排（左六）。

▲ 2010年，林政輝醫師（後排中）偕家人赴美國拜訪羅院長夫婦（右一和右三），左一為羅院長的女兒南西。

如果是羅慧夫 他會怎麼做？

陳昱瑞醫師則說：「我會待在長庚幾十年，最大的原因來自羅慧夫院長。」陳昱瑞醫師在長庚醫療體系歷任整形外科顱顏中心主任、整形外科主任、外科部主任、副院長、北院區院長、決策委員會主委等職位，現為決策委員會名譽主委。

他表示，在羅院長身上，除了學到以病人為尊、兼顧患者福祉與教學品質的態度跟方法，還看到他當領導者時，如何身體力行、對部屬提

出要求。早年我們還沒有資格參加行政會議之前，當然看不到如何擔任醫院領導人，後來參加科部會議，才看到他大概的原則。「例如當領導人要準時到場，坐在最前面，對於後面誰有來、誰沒來，看得一清二楚。也就是要求別人準時出席的同時，要先以身作則。」

陳昱瑞醫師表示，後來在整形外科系擔任主管的同仁，大致都學到這樣的領導原則。「現在我們整形外科系開會的時候，科系主任一樣是坐在最前面。主任的兩邊，或是他後面一排居中的兩個座位，一個是我的位子，另一個是魏福全院士的位子。如果我跟魏院士沒有到，別人也不會去坐，但是我們到場時一定是坐在那裡。」

陳昱瑞醫師以此道出另一層次選擇位置的重點：「這麼做的用意，是要讓大家看得到領導人，還有領導人的老師，就在前面帶領大家。羅院長從前就是這樣帶我們。後來我也體會到，一個科系要做得好，這樣的習慣是必需的。形之於外，養成一個習慣，它就會變成一個儀式，這個儀式就代表我們科系的文化跟精神。」

除了以身作則，在團隊領導方面，羅院長留在長庚整形外科的另一項精神文化遺產，就是專業分科、互相尊重。陳昱瑞醫師表示：「1992 年羅慧夫主任滿 65 歲，卸下主任職務，整形外科的主任由我接任。」當時，長庚醫院正流行把各醫療科細分為幾個科。原因是很多科

愛,薪火相傳
——羅慧夫精神永不息

都有不少醫師,由於醫院敘薪制度的關係,當一個科的醫師多於十人,很容易出現吃大鍋飯的現象。經創辦人王永慶、院長張昭雄討論,就說要分科。像神經外科、骨科、泌尿科、心臟內科是分成一、二科,還有的科細分成各有專精的次專科。「我一上來就遇到這件事,當時一直思考,怎麼樣的分科型態,才不會讓整形外科散掉。」

他考慮到分成一、二科的分法太過壁壘分明,於是整形外科堅定地向院方表示,希望以功能分科為原則,在整形外科系內,分為一般整形外科(含燒燙傷中心)、顯微重建整形外科、顱顏中心、整形外傷科等次專科。「分開來以後,大家都有一個默契,就是不會互相搶病人。這也是早期羅院長確立下來的默契,『不要去開你不擅長的刀』,既然不會互相搶病人,各個次專科之間就不會傷和氣。但對於美容手術,各次專科另外有個共識,就是大家都可以做。」陳昱瑞醫師說:「在這樣的共識之下,大家會尊重彼此的專業,又能做一點美容手術來平衡收入。到目前為止,這樣的原則仍然持續著。」

曾經有一度,陳昱瑞醫師以為所有的醫院、所有的科系,應該都像這個樣子。「等到我擔任副院長、院長時才發現,每個科系各有不同形態的領導,但對各科系的做法我們也都尊重。」陳昱瑞醫師說:「一路接受長庚的栽培,從科主任做到院長,把羅院長曾經做過的職務重複

一次，對我來說是很幸運的事。這也是為什麼等到我當院長時，碰到需要確立決策的時候，我會去思考：『如果是羅院長，他會怎麼想、怎麼做？』在我心裡面，羅院長就是有這麼重要的地位。」

嚴格要求　用心關懷

即便不像陳昱瑞醫師一樣，能追隨羅院長的腳步，完整經歷長庚醫院各級行政職務的歷練，眾多 1980 年代在長庚整形外科接受住院訓練的醫師們，對羅院長「以身作則、嚴格要求」的領導風格，也留下深刻的印象。

1981 年到長庚接受兩年整形外科住院訓練、如今是台灣臂叢神經重建手術第一人的莊垂慶醫師說：「他治事很嚴格，要求很高。我在擔任總醫師的時候，羅院長有教過我唇裂、腭裂的手術怎麼開刀，所以我是會開這種刀的，但卻不是我的專長，如果我去開這種刀，會挨他罵！」莊垂慶續續說：「每一個人有每一個人的領域，每一個人有每一個人的專長，不能互相侵犯。」

「另外，以前羅院長對每週六全科室晨會的出席非常重視。我們從星期一到星期五可以安排開刀，但星期六不行，原因就是為了這個晨會。早上從七點開始，所有的同仁都要坐在會議室。」莊垂慶醫師回憶：

愛，薪火相傳
——羅慧夫精神永不息

「羅院長全程參與，他、陳昱瑞主委、魏福全院士，還有我，都有固定的座位，後面還有很多主治醫師跟住院醫師。從這兩件事情，可以看出他治事多嚴格。」

▲2013年，返台的羅慧夫院長（左）與莊垂慶醫師（右）於林口院區交換病患治療心得。

與嚴格治事同樣令人印象深刻的，是羅院長對於團隊的關懷與照顧。其中最常被人提及的，是固定在聖誕節前夕到他家聚餐。「我還記得我們當住院醫師時，每年聖誕節前一到兩個星期，羅院長會邀請整形

外科所有醫師，舉家到他家去烤肉。」1980 年代中後期在長庚醫院受訓，目前在外開業的曾繁穎醫師這麼說。

他表示，羅院長會這麼做，是因為他關心每個人的家庭。很清楚所有整形外科醫師的家人都很辛苦，當時沒有工時限制，醫師們常常需要加班開刀到很晚。所以趁這個機會，邀請醫師的家人相聚，讓家人了解，「你的另一半或父母親平時都在做什麼？是跟什麼樣的人一起共事？」由此可以看出為什麼長庚整形外科如此融洽、有凝聚力。「羅院長的做法也影響到現在的我，雖然我診所裡員工不多，我也會試著好好照顧他們每個人的感受。」

曾繁穎醫師是唇腭裂患者，也是基督徒，他對羅院長關懷學生、關懷團隊的這一面，感受尤其深刻。「那時候我的臉不是現在這個樣子，語言治療也沒有做。所以那時候就麻煩了好幾位老師、學長。我擔任住院醫師第六年，先是陳昱瑞醫師幫我開刀重建齒槽骨；到了 1991 年我升任主治醫師那一年，再由羅院長跟陳國鼎醫師兩位執刀，從早上開始，花了 12 個鐘頭把我的鼻子跟唇部全部重建。」

曾繁穎醫師回憶：「手術當天一大早，有人敲了敲我病房的門，當他走進來時，我嚇了一跳，怎麼羅院長來了。我從前主要是跟蔡裕銓醫師學習，只有開會時才會見到羅院長。那晚他就握著我的手，為我禱

告。到現在我仍深刻記得他堅定、溫暖的禱告，安撫了我忐忑不安的心。這是我最有印象，也最感動的一刻。」

▲ 2013年，羅慧夫院長應邀回台演講，和曾繁穎醫師合影。

張衍爐醫師對羅院長也充滿懷念和感動，並寫下〈我所看到的，愛主、謙卑卻又不平凡的羅慧夫老師〉一文：

　　1986 年，我在林口長庚整形外科當總醫師時，擔任羅慧夫老師唇腭裂手術第一助手。當羅老師手術不順利時，我觀察到他突然停止工作，靜默低頭不動。片刻之後，又開始進行手術。這和其他主治醫師遇到手術困難時，掙扎焦慮的反應很不一樣！

　　後來我才知道，他是在禱告，祈求上帝幫助，賜他智慧，讓手術能夠順利進行！羅老師這種遇到困難時的對應方式，深深影響我一生的手術生涯！

　　後來，在我的開業的生涯中，也都以「The Serenity Prayer」（寧靜祈禱）做為自我勉勵的座右銘：

　　祈求上帝：

　　賜給我寧靜，接受我無法改變的事情；

　　賜給我勇氣，改變那需要改變的事情；

　　賜給我智慧，使我能夠區分兩者的差異。

　　此外，我剛到長庚時，每年聖誕節前，羅老師都會邀請整形外科全體同仁和另一半，到他位於天母美麗寬敞又溫馨的住家聚會——BBQ。我們都好喜歡！直到多年以後，我才知道，他那美好的家園是租來的！

愛，薪火相傳
——羅慧夫精神永不息

印象最深刻的是，他家在一座大墳墓旁，別人都怕怕的，但他們家人都不在乎！因為堅信有主耶穌的看顧，就不覺得可怕了。

記得聚會中，他常強調 family first（家庭第一）的生活概念，也常對我們這些學生談到維持夫妻間親密感情生活的重要性。潛移默化中，幫我們建立經營家庭的觀念。

他說，夫妻間相處最重要的是三個「S」，也就是 Singing, Sex, Sorry。這些點點滴滴的往事，都讓我們非常懷念！

▲ 2006年，羅慧夫院長（右）返台，長庚系友聚餐，張衍爐醫師（左）與他合照。

　　林麗虹護理長接著分享另一件令同仁印象深刻的往事：「羅院長對他的團隊成員，無論對家庭、個人身體健康，或者有什麼其他需要的時候，都會透過他的方法去關懷。」她接著說：「外科醫師長時間站著、低頭、彎腰開刀，脖子和腰部會很不舒服，日積月累，脊椎甚至會受傷。當莊垂慶醫師脊椎痛的時候，羅院長打電話到加拿大，與已經回加拿大的長庚第一任神經外科主任費宏德醫師（David J. Fairholm）聯絡，詢問他何時會有台灣行？來台時能不能順道看看莊垂慶醫師的腰椎？等到費宏德醫師回台時，他真的安排費宏德幫莊醫師看診、開刀。」

　　「開刀的時候才好玩，那是神經外科的手術嘛，照理說應該由神經外科開刀房的護理團隊來協助費宏德醫師。」林麗虹護理長說：「我當時是羅院長的資深巡迴護理師，他因為關切莊醫師的手術狀況，就叫我去當費宏德醫師的刷手護理師。」

　　所謂刷手，就是開刀房的助手，負責傳遞手術工具給醫師，通常是由剛進開刀房的新手護理師來做。「那天羅院長自己也有手術，他就安排別人接替我巡迴護理師的工作，要我去當費宏德醫師的刷手護理師。等開完刀回來，我向羅院長報告莊醫師手術順利完成，他才放心。」林麗虹護理長說：「後來，整形外科提供醫師休息的小辦公室裡，放了一張陪客床，讓莊醫師和其他醫師開完刀的時候可以躺在那裡休息。」

愛，薪火相傳
——羅慧夫精神永不息

　　另外，羅院長即使退休在美多年，仍然關心他的學生和部屬，張乃仁醫師即表示：

　　「2018 年 10 月，整形外科幫莊垂慶教授慶生，我託羅院長的女兒 Nancy，幫羅院長錄一段祝賀影片送給莊教授，影片寄來後，片頭寫著：『We are happy to celebrate your birthday.』」（我們很高興慶祝你的生日。）片中羅院長特別準備了一個蛋糕，蛋糕上寫著：「Happy Birthday! Dr. David Chuang」

　　羅院長並講了一段話，如下：

　　「*We congratulate you!*

　　Since you have gone to the United States for further training,

　　your achievements have brought you fame.

　　Congratulations!」

　　（我們恭喜你！

　　自從你去美國進一步深造，你的成就讓你揚名國際！

　　恭喜！）

　　羅院長也要了莊教授的住家地址，不久，莊教授真的收到羅院長從美國寄來的親筆賀卡。張乃仁說，這個影片應該是羅院長最後一次公開露面。

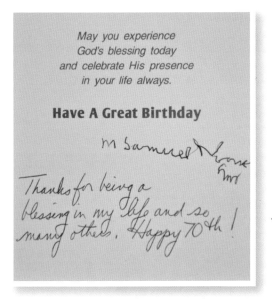

May you experience
God's blessing today
and celebrate His presence
in your life always.

Have A Great Birthday

m Samuel Noone
mD

Thanks for being a
blessing in my life and so
many others. Happy 70th!

◀2018年10月，長庚醫院整形外科
幫莊垂慶教授慶生，91歲的羅慧
夫院長也從美國寄卡片為這位門
生慶賀。

領導藝術　代有才人出

　　繼羅慧夫院長之後，長庚整形外科除了致力培養各有專精的堅強醫師陣容，更有不少醫師在長庚體系擔任主任級以上的行政職。除了前述的陳昱瑞主委，魏福全院士也曾擔任長庚紀念醫院執行副院長、長庚大學醫學院院長。而在 1980 年代受訓的世代，有不少醫師陸續成為長庚體系的領導者，如嘉義長庚醫院的林志鴻院長、基隆長庚醫院的陳建宗院長、林口長庚醫院的鄭明輝院長等等；2020 年 7 月起，林志鴻院長和陳建宗院長已回到林口長庚醫院擔任副院長。

愛，薪火相傳
—— 羅慧夫精神永不息

　　陳建宗執行副院長說：「我在羅院長身上學到的，以『以身作則』居多。我想，這件事大家都說得到，但未必真的去做。對於被領導的人，他會看這個將軍怎麼帶兵，是真的有所作為，或是只出一張嘴，相信領導的效果會不一樣。我看到的羅院長，他都是帶頭去做，做給大家看。」

▲2013年10月，台灣顱顏學會理事長陳建宗醫師（後排中間）邀請羅慧夫院長夫婦（前排中間）與薩耶爾醫師夫婦（右邊兩位），在台北圓山飯店晚宴。

　　他坦言，事事都要以身作則，無論在教學上，或是組織領導上，都是相對辛苦的做法。「我不會說：『那你去做就好了』，我會先做，做

給部屬看。如果我都能這樣做,你為什麼不能?在這樣的要求之下,被領導的人就會在心裡評估領導者到底是不是扎扎實實地在領導?還是很空虛的在領導?」他說:「這麼做會很辛苦,而且時時都在接受檢驗。可是長久下來,被領導的人會比較信服。」陳建宗醫師也把羅慧夫院長一再強調的團隊合作(team work),帶到醫院經營的層次上。

在長庚服務多年,羅慧夫院長安排了很多整形外科醫師到國外進修,也安排過牙科的黃烔興醫師到加拿大擔任研究員、攻讀博士。此外,羅院長過去在馬偕醫院也曾安排牧師出國進修,在長庚醫院時期,更曾將語言治療師、醫療繪圖師等各種專業的人才往國外送。原因是為了建立完整的全人醫療團隊,把最好的照護帶給患者。這一切,陳建宗醫師都看在眼裡。

「羅院長重視的不只是醫師,而是整體的需求。所以後來針對基隆長庚醫院的經營,我除了針對醫療,還要看到醫事方面的發展。」陳建宗醫師說:「比如放射、藥理、護理師,我們要想辦法吸引各方面的人才進來,透過進修制度讓他們更精進。不管是一個部門、一個科、還是一家醫院的經營,都要從整體視野來看,並且一樣地重視,整個團隊才會一起向前發展。」

追尋羅慧夫　從現在做起

　　林口長庚盧亭辰醫師則說：「我現在一直記得的，是羅慧夫院長的眼神。」雖未直接受教於羅院長，但曾經兩度前往大急流城拜訪的她說：「那個眼神讓我覺得很神奇，認真、嚴格、堅定，就這樣直視著你，完全不會移開。我們在台灣，很少有人會這樣盯著另一個人看。但他就會這樣一直看著，帶著嚴肅的表情問你問題。在那一瞬間，我突然體會到為什麼很多人都這麼喜歡他。那個眼神有一種神力，像是在說：『我今天把這個事情交給你了，然後你要努力做。』大家真的就會盡自己的全力，把自己的工作做好。他就是會散發這樣的影響力。」

▲2016年11月，於羅慧夫院長大女兒南西家聚餐，羅院長聽取盧亭辰醫師簡報後伸出溫暖的大手與盧醫師相握，充滿長者的殷殷期望。

　　這樣的領袖氣質，大概只能意會，難以言傳，遑論強求去模仿。但是，與盧亭辰醫師同樣於 2000 年後在長庚整形外科受訓的幾位年輕醫師，都在用自己的方法，去追尋並且實踐羅院長的精神。

　　「我當住院醫師的時候，生活非常辛苦。有可能今天晚上開刀到明天，都沒辦法睡覺。到了明天，又要再跟一台八個小時的長刀，可能又要晚上 11 點才能回到家裡，然後次日又要 5 點起來查房。是早上 5 點喔！」回顧那段日子，周邦昀醫師仍然歷歷在目：「早上 5 點的時候就要到醫院來，先巡過二十幾個病人，看完以後，六點半跟著主任或者老師再查一遍，但是還沒有結束。接著要把今天所有要開刀的病人，可能六、七個個案，把所有的手術計畫寫出來。可是不能夠只有寫老師預定要執行的計畫，還要把這個手術其他可以採用的計畫也寫出來，分析為什麼老師用的是這個計畫，而不是其他方案。在這樣緊繃的狀態之下，遇到挫折的時候，我們很容易就變得沮喪，有時候可能會迷失掉，不知道該不該繼續在這個科裡走下去。」

　　「那時剛升上主治醫師的陳志豪醫師，常常會來關心我們這些學弟妹，說有沒有什麼地方需要幫忙、協助，也常常選在週末，或是沒值班的晚上，跟我們一起吃個飯、聊聊天，凝聚我們的士氣，告訴我們說：『來來來，沒有關係，大家都是這樣走過來的。』」周邦昀醫師說：「當

時陳志豪醫師還會辦一個小小的論壇，每個月從外面邀請講師來，提供激勵人心、正能量的講題，參與對象就是住院醫師，也讓我們在工作之外有機會聚一聚。」

▲2011年，羅慧夫院長回林口長庚醫院，整形外科安排於晨會演講，陳志豪醫師坐在第一排聆聽，並於會後與羅院長合影。

「陳志豪醫師偶爾還會找一些業外的活動讓我們參加，比如說萬金石馬拉松。」周醫師繼續分享：「不是一個人跑完『全馬』，我們報名的是接力項目，由八個人去分40公里的路程。陳醫師都會邀請住院醫師參加，人不夠再找主治醫師加入。他會安排這樣的活動，或是辦科遊

來凝聚大家，用激勵方式把大家帶起來。他常講，一個人可以走很快，但要很多人一起才會走得遠。可以說，陳志豪醫師是我們科裡很好的黏著劑。」

2000 年開始在長庚接受住院醫師訓練，屬於較資深一輩的陳志豪醫師說：「如果是對的事情，無關現在的職務，都要從小地方做起！」

▲由長庚醫院整形外科的路跑同好組成的「庚青路跑隊」，參加2019 年的 Mizuno 馬拉松接力賽，並以「為羅慧夫精神而跑」（Run for Noordhoff's Spirit）為參賽的精神口號。

「不是每個人都有機會擔任行政職，但如果沒有行政職就不能做事情嗎？我覺得也未必。我會在能力所及的範圍，分享本身的知識跟經驗，包括從長輩、從書本上傳承下來的、我所知道的羅院長及他的精神。雖

▲「庚青路跑隊」參加2019年的Mizuno馬
拉松接力賽，清晨集合，準備上路。

然我們這一輩沒有直接被羅院長教過，但還是會希望透過我們的傳遞，
把羅院長的精神介紹給更年輕的醫師。」

「我常跟周邦昀醫師分享，互相鼓勵，我們現在要做的，就是去尋
找羅院長的精神，然後去實踐我們的心得。就是現在，不用等到以後。」
陳志豪醫師以此結論：「就是從我們的日常生活，還有臨床的工作當中
去實踐。所謂的傳遞，我想很重要的前提就是要親力親為。如果沒辦法
身體力行，只告訴別人說應該怎麼做，我想是沒有說服力的。」

四、

成就「世界頂尖」的推手

愛，薪火相傳
——羅慧夫精神永不息

羅慧夫畢生從一般外科到整形外科、從馬偕院長到長庚院長，他的領導統御、找資源去做對的事，經歷都非常完整，所以他在長庚帶領子弟兵時，就像指南針，不會偏，不會錯。他的核心理念：Patient first（病人第一）、Team Work（團隊合作）、Be the Best（精益求精，止於至善），就和王永慶董事長倡導的「勤勞樸實、止於至善」的企業經營理念，幾乎一樣。

羅院長無私地培養人才，不怕被超越，甚至希望青出於藍，更勝於藍。他會利用影響力或個人關係，把人才送到全世界最頂尖的醫學中心去學習，等到人才回國後，把所學做最大的回饋跟貢獻，帶領更多後繼。他就像推手，一直往前推動，把長庚整形外科系推向世界最頂尖。

不斷栽培 養成世界級醫療團隊

許多醫師擔心子弟日後變成競爭對手，習慣「統包」，把病人都攬在自己身上。但羅院長不同，他會找最合適的醫師為病人治療，甚至出國開國際醫療會議時，雖貴為院長，遇到不懂的問題還會打電話回長庚問他的學生。他又到處結緣，再把學生送去跟全世界頂尖的專家學習。羅院長認為自己不一定要站在隊伍最前面，他真的很大方，大方到讓人無法想像。他讓學生比他強，還有辦法讓團隊合作，共同支持顱顏中心

的發展。

由於病患的病情各異，而每位醫師的專精範圍有限，所以需要團隊合力治療。羅院長依理想落實 Patient-centered care（以病患為中心的理念），建立全人醫療團隊和人才養成制度，就像拼圖，把長庚整形外科團隊逐步而完整地拼湊起來。

羅院長很早就幫子弟們分好專業領域，讓每個子弟醫師走不一樣的路，於是風景越來越開闊，像陳昱瑞醫師學顱顏、魏福全醫師學顯微血管、楊瑞永醫師學燒燙傷、莊垂慶醫師學顯微神經、陳宏基醫師學淋巴，還有陳建宗醫師的顏面骨折損傷修復等，每個人各有專長。而全世界專長這些領域的醫療團隊，可能不超過十個，當時羅院長的策略就是讓醫師認真鑽研，很快成為國際小專家，隨著臨床經驗的累積，就變成大師，可以照顧特殊病人。這些病人，過去可能鮮少人關注。

這套分工制度影響極大，從顱顏開始推展到顯微外科、外傷、燒燙傷，慢慢發展出全人照顧系統，互相拉抬，讓長庚整形外科大大超越其他醫療院所。

不只臨床教學　連生活都盡力幫忙

團隊最早期的訓練大多是在加拿大的多倫多兒童醫院，那是當年全

世界最好的唇腭裂治療中心，像是陳昱瑞、黃烔興、曹賜斌、陳國鼎醫師都曾到多倫多學習，後來醫學影像發展出來，唇腭裂和其他相關的治療就找不同的老師或醫院進修，例如洪凱風醫師去芝加哥醫院學習。

羅綸洲醫師回憶羅院長對子弟兵的照顧，不只在臨床教學方面，連生活、學習都盡心盡力幫忙，「1993 年羅院長為我找了當時最好的唇腭裂和先天顧顏異常的專家 Jeffery Marsh（傑佛里・馬許）為師，他是 3D 醫學影像的先驅，我躬逢其盛，在聖路易斯兒童醫院進修期間，羅院長曾到校拜訪兩次，關心我的研究進度和國外生活，看在羅院長的面子上，大部分教授對長庚整形外科的醫師都會特別照顧跟指導。」

黃烔興醫師提起當年攻讀博士學位那一段少為人知的往事：「那時醫院規定很嚴格，如果要出國讀兩年書，要先在醫院服務四年，我於碩士學成回國後，只服務一年，學校就寄通知核准申請博士班，我如果去讀書，就對醫院造成違約，要賠幾百萬元。後來羅院長簽名保證我會回來，醫院還為我保留主治醫師的職位，所以我甚麼都沒有賠，就出去讀書了。當時羅院長也沒講此事，我是後來才曉得，他只對我說：『能讓你出去就好，希望把書讀回來，其他我來處理。』他這樣一句話，讓我苦拚六年。我知道責任重大，羅院長賦予的任務一定要達成，我要讀得比別人好。當年他相信我，想辦法解決我的困難，不然我不會有今天。」

▲2018年，黃烱興醫師夫婦（後排）到美國探訪羅院長夫婦（前排）。

百年樹人 子弟兵再培養子弟兵

關於安排子弟醫師出國學習，羅院長立場堅定，有時候甚至直接分派領域。莊垂慶醫師提起羅院長派他去跟朱莉亞‧泰茲（Julia K. Terzis）學習，那時正是顯微神經手術發展初期，「我有被半強迫去美

國學習之感。」但學完回國後，他發展得很好。由於羅院長的遠見，讓他有機會在周邊神經顯微重建領域發光發亮。莊醫師後來也把畢生知識寶藏交棒給張乃仁、呂炯毅等兩位醫師，且隨技術演進，另外再發展出新領域，像是感覺神經、自主神經重建、達文西顯微手術等，攻破難治之症，造福更多病患。

楊瑞永醫師也娓娓道來那年被指派擔負燒燙傷科的重責大任，「那時羅院長在開刀房，把我叫過去說：『楊醫師，整形外科是一個家庭，要很多人一起經營。現在我們缺一個燒燙傷醫師，我看你很適合，所以幫你安排一個很好的地方學習。你出去學完之後，回來照顧這些可憐的患者。如果沒有興趣，五年之後，我絕對讓你重選，看你要去哪一科都可以。』我想一想，如果做了沒興趣，還可以轉科，就決定同意，於是羅院長就派我去舊金山學習。」

楊醫師接著說：「剛回國時沒人認識我，一有燒燙傷病人，需要治療或重建，他就把我叫過去，跟患者說要介紹一個剛從美國回來的好醫師，『這位楊醫師很有愛心，我把你交給他。』聽得我都覺得很不好意思。之後羅院長就常常把病人轉給我。很感謝他為我安排一條路，所以一直走下去。」楊醫師也把這份知遇之恩延續提攜後進莊秀樹醫師，2015 年台灣最大燒燙傷意外事件「八仙塵爆」，長庚就是由莊秀樹負

責，組織醫護人員一起治療五十多位急性病人，為長庚交出亮眼成績。

感恩栽培 子弟發揚老師精神

曾受羅院長提攜的曹賜斌醫師，在臉書上大致有如下的記述：

羅院長是我生命信仰及職場成就的恩人，民國 74 年（1985
年），我升任林口長庚整形外科主治醫師兩個月後，他指派我
去美、加兩國深造尖端的顱顏整形科技。之後，我在美國梅約
醫學中心（Mayo Med. Center）寫信回台，申請延長深造時間一
年，擬擔任該院整形外科臨床研究員。不料羅院長斷然要求我
束裝回台，並指派我南下新成立的高雄長庚醫院，出任該院首
屆整形外科主任。十年後我又自行創業。

羅院長是我的嚴師與恩師。他的 No Excuse（別找藉口）高
標準要求、破格提拔我出國，栽培、任命我開拓高雄長庚醫院
整形外科等等，逼我快速茁壯成長，使我一生受用無窮。

羅院長用長庚退休金新台幣三百萬元成立的「羅慧夫顱顏
基金會」，及透過基金會協助成立的高雄市唇腭裂顱顏協會，因
而成為我受恩圖報的首要對象。

　　2016 年，我與基金會人員同行，前往羅院長在美國密西根州的住處，慶祝他的 90 大壽，並贈送他兩本我的著作《美麗金三角》、《整形整心》，開展我回報師恩的腳步。例如診所 20 周年慶舉辦的「整形做公益」活動，便捐出診所 9 月份（開幕月）營收的 10%，均分給上述兩個與羅院長相關的機構，冀求心安與喜樂。

▲ 2016年6月，曹賜斌醫師（右）赴美探訪羅慧夫院長（左）。

賴永隆醫師則寫下一篇〈吾愛吾師〉，記述羅慧夫院長予他的恩情：

恩師不幸於 2018 年 12 月 3 日在美國逝世，很遺憾的是未能在他離開人世之前赴美探訪他最後一面。

1981 年，我當住院醫師第一年時，有一次值 ON CALL（隨傳隨到）班，半夜裡被叫進開刀房當刷手，在手術台旁一位高大的「阿兜仔」醫生已經忙著幫一個因車禍而滿臉撕裂傷的女病患清創縫合，過程中我幾乎幫不上忙，只看他手腳俐落、仔細的清創、縫完了每一針。直到目送他離開手術室，護士才告訴我說，他就是當過院長的整形外科名醫，那是我第一次看到恩師羅慧夫院長，只是心裡很納悶，為什麼堂堂的院長，三更半夜大老遠從台北開車到林口開急診刀？

在進入整形外科後的三年訓練中，從星期一到星期六，每天早上開朝會，他所建立的教學系統，是奠定整形外科卓越成績的基礎。恩師對於訓練的態度相當嚴謹，不僅在學術和技術上要求，對人格教育更不容有離譜的過錯，曾經有學生對同事行為言語不端，或工作態度不佳而遭開除，相對的，他對屬下的關心往往出乎預料。

　　例如 1987 年我剛升上主治醫師，太太不幸罹患腦瘤，手術前仍無法分辨是良性或惡性腦瘤。手術前一天晚上，我獨自在冷清的病房裡煩惱著那可能的萬一。

　　那時，我剛升上主治醫師，身邊沒什麼積蓄，大女兒四歲，小女兒兩歲半。如果有個萬一，這一生該如何走下去？正覺得徬徨無助之際，突然有人敲門，接著，羅慧夫院長出現在眼前，原來他晚上九點多從台北開福特車直衝林口。他走到病床前，一腳跪在床上，一手撫著我妻的頭，低聲念著禱詞，於是一股暖流默默的淌過我的胸膛，當場，我只覺得一陣陣鼻酸。

　　恩師表面嚴肅，其實內心充滿了愛，讓人想不到的是他也是幽默大師，當我妻手術後，經過一段時間的追蹤檢查，確定無復發的疑慮，有一天羅院長碰到我，他幽默地對我說：「賴醫師！我看你不可能換新太太了。」真的，用「望之儼然，即之也溫」來形容他，再貼切不過。

　　這位老師真的做到「栽培後進」、「不恥下問」，在儒家的文化裡，師生的關係是垂直的，尤其老一輩的醫師。可以看到「只要是老師，永遠是第一，永遠是對的」，後面跟著一群

唯唯諾諾的學生，其實這是阻礙進步的重要原因；反過來說，西方文化裡，師生關係是平行的。恩師打破了傳統的師徒垂直關係，使成為亦師亦友的平行關係，間接的影響台灣醫界老師的唯我獨尊心態。也因此，青出於藍而勝於藍的機會就大很多。恩師就是有這樣的胸襟和「遠」光，陸續送學生出國學習不同的、新的領域，如陳昱瑞、魏福全，莊垂慶、翁昭仁、楊瑞永等等，回國後個個成為不同領域的領頭羊，這表示他不怕學生學得比他多、比他強。

如果出現新的方法，他會毫不猶豫的請教學生，例如他曾經因為要學習新的隆乳方法，要我和他一起上刀。栽培學生學習新領域是他的大方向，學生細微的心願他也不會忘記，所以每位總醫師該升主治醫師時，他都會問他們想學那個領域？當我知道自己沒機會跟他學唇腭裂手術時，很失望的告訴他，那我乾脆學美容手術好了，雖然他說美容手術在科裡不算特別領域，每一個人都可以做到，最後仍決定送我去學乳房和泌尿生殖的重建。

此外，他要我每個星期三早上和他一起開美容手術，下午

一起看門診，這一跟就是七年。我不僅從他身上學到很多，後來才從書記那裡知道，他每一台手術都主動分一部份手術費用給我。長期跟著他，了解他，除了心存感激外，一點都不訝異。

恩師因為執著他的理念，為了健全全程服務病人而成立長庚顱顏中心，促成此類患者慢慢的集中於此，也因此得罪許多院外人士，但他給醫界帶來的榮耀並不會因為少數背後的詆毀而失焦，他把「生前捨得，身後傳承」的概念發揮得淋漓盡致。

韓愈說，師者，所以傳道、授業、解惑也。其實還有一樣古聖先賢從沒有提到的特質，就是「身教」。個人認為所謂的「身教」帶有一點「潛移默化」的概念。學術、技術可以傳承，身教則沒那麼容易，要有慧根也要有足夠的修煉。身為學生的我不僅把他當成崇拜的對象，也是學習的偶像。吾愛吾師，我更愛真理。學術或醫術都很重要，為人處世、醫學倫理更重要。最後，我用我很喜歡的一句話來結尾：「跟著蜜蜂，會找到花朵。」

◀ 2003年，羅慧夫院長（前左）、陳昱瑞醫師（前右）、羅綸洲醫師（後左）、賴永隆醫師（後右）在長庚球場合照。

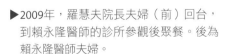

▶2009年，羅慧夫院長夫婦（前）回台，到賴永隆醫師的診所參觀後聚餐。後為賴永隆醫師夫婦。

專業分科看診 幫病人安排最佳治療團隊

其他專業分科方面，羅院長把唇顎裂的病人轉介給洪凱風、陳國鼎、羅綸洲醫師；顯微手術轉介給魏福全醫師或他的團隊；一般整形外科轉介給翁昭仁和賴永隆醫師。1992 年之後，長庚便真正落實專業分科看診制度，醫師們相互尊重專業，也替病人找到最佳的治療團隊，並因此打開知名度，大家漸漸知道長庚有專業的燒燙傷中心、顱顏中心、顯微中心，還有顯微加護病房，那可是全世界第一個顯微手術 ICU，除了做外傷，還接手指、腳趾，顯微手術還可以做口腔癌重建，於是病人越來越多。

「羅院長從帶一、兩個醫師開始，慢慢地，團隊成員越來越多，很多醫師再去引導年輕的住院醫師。現在學生來到整形外科實習，都會跟到老師或師兄，也會有實際動手術的機會，而且都有人在旁教導。」林口長庚執行副院長陳建宗醫師提起這套培養人才的機制，認為對他的管理非常具有啟發性。

跟著陳國鼎醫師學習唇顎裂治療的第二代弟子盧亭辰醫師，常常聽到老師提起羅院長。陳醫師總是鼓勵她：「不要妄自菲薄，我們是用全世界最好的方法在開刀。」對於手術，盧醫師一直很有信心，但行醫多

年後才真正體會到羅院長念茲在茲的教誨，也就是自紀錄影片中看到羅院長這麼說：「顱顏患者開刀後，並沒有完全解決問題，病人的身心靈都應該被照顧到，其中，外表問題需要靠心理解決，所以需要一個全人醫療團隊來照顧與陪伴。顱顏手術本來就無法完美，即使大師開刀也不可能一百分，都會留下疤痕，這就是為什麼要給病人心理支持，讓他們打從心裡接受自己，由此幫助他們恢復信心。」

林政輝醫師也提到，長庚整形外科現在的科系訓練，正是延續羅慧夫院長的理念：「年輕醫師要去跟每一位資深醫師學習，為達到全人醫療做準備。除了外科裡有不同次專科，還要跟牙科跨科整合。顱顏中心還有語言老師、社工師、心理師，都是息息相關，要照顧病人的整體，結果才會是最好的。醫學領域一直會產生新的知識，所以我們要實事求是，做到最好，止於至善。」

嚴師出高徒　奠定人才培養制度

唇腭裂治療是非常精細的手術，對病人來說只有一次機會，即使之後再修補，傷口也很難回復到很好的狀態。羅慧夫院長個性專注、一絲不苟，醫師們必須通過他的考驗，才能獨當一面動手術。手術前，他會帶領子弟醫師於計畫開刀的位置，先畫線標記，做手術設計；如果子弟

曾經開過這種刀，他會讓子弟執刀，如果子弟沒有做過，他會先開始，之後把器械交給子弟，讓子弟接手，他在旁邊指導，還會幫忙「拉鉤」，當助手，通常很少大師級醫師會進手術房當學生的助手。

所謂的「拉鉤」，是外科手術的一個重要步驟，就是將皮膚、肌肉切開後，用拉鉤將兩側皮膚、肌肉分別向外拉，讓中間的手術視野露出來，才能做手術。拉鉤是很累的，因為肌肉會收縮，有時要用很大力氣，有時需要巧勁，目的是把手術視野盡可能暴露出來，但又不傷及組織，一般手術做下來，拉鉤的人都會累到不行，通常中途還要換人拉鉤。

羅院長訓練住院醫師是出了名的嚴格，如果手術前沒有做好準備，他甚至會叫子弟醫師去旁邊罰站，不准開刀；又如果覺得手術縫線縫得不好，他會當面喊：「全都拆掉，重縫！」即使已經花兩個小時縫合，也要求全部拆掉，重新再來。陳建宗醫師說：「子弟醫師們當下心理會很不好受，覺得幹嘛要求這麼嚴，等三、五年後看到治療結果，才慢慢理解，原來完美需要時間驗證。」

菲律賓的伯尼醫師（Dr. Bernard U. Tansipek）回憶受教於羅慧夫院長的經驗：「當我把手術計畫 e-mail 給羅院長看，不久，電話鈴就響了。跟他討論時，連備案都要想好，如果沒有想清楚，代表沒有準

備好，他會非常嚴厲地叫你不要做。他有全觀視野，不只單次治療，而是要求對病患從幼兒到成年都要有完整的計畫，要幫病人考慮到日後的問題。」

承襲嚴格家風　整形外科程度佳

提到「嚴格」二字，對於 2000 年後方進入長庚整形外科接受住院訓練的年輕一輩醫師來說，印象最深刻的，可能就屬莊垂慶醫師了，他的弟子張乃仁醫師說：「對於一般的住院醫師，第一、二年我們會說他們是『Try to be a nice person』；到了 R3、R4，臨床業務變得很多，又被研究、報告之類的工作轟炸，都被轟得不成人形。到了 R5、R6，比較知道一個科怎麼運作了，就開始努力做自己。」他笑說：「但我們科系不太一樣，老師都蠻嚴格的，所以住院醫師很難偷懶，老師、同儕都會盯著看。」

張乃仁醫師也有很多感想，他說：「擔任住院醫師第五年時，我大概花了半年時間思考，才下定決心跟莊垂慶醫師學習神經顯微重建手術。一方面是因為神經醫學很難，當時都看不懂；另方面是因為莊醫師特別嚴格。」他笑說：「半年過後，我還是覺得對顯微外科最有興趣。另方面，面對莊垂慶醫師的嚴格要求，代表跟著他一定會學到很多特別

的東西。頭幾年真的是蠻辛苦的,一方面跟老師的知識、技術差太遠,要花很多力氣補起來,另方面是要去適應莊醫師的嚴厲。目前我克服了很多難關,也算是從莊醫師很嚴格的訓練中存活下來。不只跟老師學到很多東西,還有辦法發展新的領域。」

▲2016年11月,張乃仁醫師(戴帽者)一家自加拿大多倫多駕車至美國大急流城,拜訪羅慧夫院長夫婦。

盧亭辰醫師後來選擇從事顱顏外科,她在整形外科擔任住院醫師期間,也非常喜歡莊垂慶老師。「莊老師很認真、又特別執著。雖然我們科系裡的老師都挺嚴格,但是不太有人像莊醫師這樣,會直接指正你的錯誤。這些指正不是只有術前規劃、下刀之類的,而是像電燒、吸血、

調燈,這些很基本的、開刀的助手應該要做好的動作,他都會一一點出來,然後直接告訴你應該怎麼做。雖然直接,但又不傷害自尊心。」她說:「在莊垂慶老師身上,我學到很多,其中一項就是『擔任好的外科醫師前,你必須是一個好助手』,這點非常重要。」

羅院長有早起的習慣,通常清晨六點就開始巡房,有些主治醫師為了趕上清晨六點,只好跟住院醫師一樣,前一天睡在醫院,陪同查房時要跟羅院長做報告,除了對病況診斷、病情掌握之外,還要對整個治療過程和相關醫學知識,準備得非常完整才能過關。陳昱瑞醫師說,羅院長最常問醫師:「你最近讀什麼書?」晨會時大家會一起討論新知識,慢慢養成習慣,延續下來,如今變成科裡的風氣和文化。

林政輝醫師也提起羅院長對他的影響:「除了注意看他怎麼開刀,還要思考每個步驟的意義?須避免哪些事項?可能發生什麼併發症和手術風險?回去還要複習,不懂就趕快去查書,提出是非題發問,表示已經思考整理過問題。當問了三、四個問題之後,就會發現,你對這個手術已經有一定的瞭解。現在我也在指導年輕醫師,發現教比學更困難,各大門派的理論都要鑽研,然後獨創歸納,再把手術步驟具體化,甚至畫成圖譜,讓學生可以按部就班學習。」

愛，薪火相傳
──羅慧夫精神永不息

締造台灣之光　羅慧夫奠基

1988 年，新加坡舉辦第一屆國際唇腭裂會議，長庚團隊爭取到主辦 1991 年的年會，為了培養團隊主辦國際論壇的能力，羅院長覺得應該帶團隊去新加坡見習，他自掏腰包支付機票、住宿，讓大家出去觀摩。又因為 1991 年成功主辦的經驗，1992 年在台灣舉辦的國際美容整形外科學會（ISAPS）研討會，就把長庚唇腭裂治療和美容整形宣傳開來，造成轟動，引起國際很大回響。

自掏腰包　培養語言治療師

此外，羅院長有微觀細膩的愛，也有宏觀的遠見；他先用「愛」彌補唇腭裂病人，進而為病人做後續的復健工作──語言診治。不只送醫師出國，也送語言治療師去國外進修，學成之後回來幫助病患。

語言治療是近年興起的一門科系，但早在 1973 年，羅院長就認為唇腭裂病人應該進行語言特別診治。所以他送了多位員工到美國就讀語言病理學系，而他們的學費都是羅院長的捐款，而且他為善不欲人知，是透過美國歸正教會轉手資助後進。

其中一位語言治療師在國外進修一年期間，羅院長每個月還提供新

台幣兩萬元安家費給這位治療師的家人，按月到辦公室領取。在那個年代，兩萬元是很大一筆錢，而且他們都不知道是羅院長以自己的薪水支付。

　　回憶這段歷史，第一代的語言治療師返國時，該領域還是新興行業，醫界對其認識不深，因此國內多數醫療院所均採觀望態度。語言治療師王淑慧說：「剛回來的時候，為了留在我的家鄉高雄工作，經過一番努力溝通，南部才有幾家公私立醫院為我開了職缺。基於禮貌，我打電話給羅院長，報告我的決定。在這通電話裡，羅院長希望我留在高雄長庚的顱顏中心。他告訴我：『Ruby，先慢點答應別人，請給我一個晚上，我來想辦法，在高雄長庚開缺。薪資可能不會很多，但我會想辦法彌補。』」

　　王淑慧說，從此以後，他從來沒有後悔加入長庚顱顏中心這個大家庭。「因為沒有人比這位長者更重視、尊重每一個人的專業，包括我們語言治療師。」她回憶：「羅院長每每在病人家屬面前，表現出他對語言治療專業的尊重，這也是他的領導風範所在。這就是為什麼，當羅院長後來請我協助雅文基金會，或是協助培訓海外唇腭裂醫療團隊所需的語言治療師時，我跟同事雲天湘都會義不容辭地答應。」

愛，薪火相傳
——羅慧夫精神永不息

▲2007年，羅慧夫院長回台，與語言治療師王淑慧（左）、雲天湘（後）
在晚宴合照。

栽培醫學插畫家　提升國際論文素質

　　另外，整形外科跟其他科系不太一樣之處，在於要求以專業醫學插
圖示意，所以，羅院長派李麗敏小姐去美國跟專家學習畫畫。後來長庚
整形外科投稿到「美國整形外科學會」的《整形與重建外科雜誌》（Plast
Recons Surgery，PRS），很多都附上這位畫家的醫學插畫，輔助說明，
幫助提升團隊的國際論文素質。

　　1990年左右，羅院長想要拍一個錄影帶，介紹長庚治療唇腭裂的

方法，主要特色是將三角形皮瓣（Noordhoff Triangular flap）和下鼻甲（Inferior nasal concha）黏膜瓣放在鼻翼裡面。當團隊治療技術成熟後，他想把這套技術發表出來，於是找來子弟兵，連續四個星期六早上，專做單側性唇腭裂手術，由陳昱瑞醫師先做、陳國鼎醫師、洪凱風醫師和他在旁邊看，手術後再一起討論，截長補短。方法定型後，他打算拍成電影，腳本把每一個步驟都寫得很詳細。開拍前還先寫成論文和繪製醫學插畫，最後終於拍出來。1997 年，他帶著錄影帶和畫冊，去「美國的整形外科學會」發表，團隊一舉拿下年度最佳教育獎，這是羅院長的執著，也是堅毅精神的表現。

當醫師們愈來愈專注領域發展，隨著論文一篇篇發表，讓長庚整形外科很快躍升到國際舞台，不只顱顏團隊，還包括顯微手術、燒燙傷，或是整形外科，羅院長想要發展的每一個團隊，幾乎都成為世界第一。麥林尼克獎（Maliniac）是美國整形外科醫學會最高榮譽，該會每年從全世界選一個非美國本土的整形外科醫師去演講，對受邀者來說是一種至高的榮耀，1994 年 9 月 27 日，羅院長獲邀演講；2001 年，魏福全院士、2008 年陳昱瑞主委相繼受邀演講，這代表羅院長一手打造的長庚整形外科，受到國際尊崇與肯定。

愛，薪火相傳
——羅慧夫精神永不息

那些年 羅院長教我們許多事

在醫美盛行的時代，周邦昀醫師選擇留在長庚，他表示：「長庚訓練我成為一位救人的醫師，只要重建底子打得好，未來開什麼刀都能游刃有餘。其實我們科裡的手術訓練，分工精細又扎實，為什麼還要出國？原因是把研究做得好，可以救更多的人。羅綸洲醫師看到趨勢，2016 年就送我去達拉斯，見習美國人的團隊研究方法及新技術應用。我看到他們做得有條有理，對收案的資料和影像整理都非常系統化，這是我們需要學習的地方。」回國後，周醫師負責建立 AI 醫學數據庫，收集國小正常學童成長的影像並建檔，朝向預防性牙齒矯正及減少正顎手術的方向發展，希望讓小朋友能夠健康快樂長大。

對於自己的收入或存款，那是羅院長最不在意的事，對培育人才更不吝捐出學費。成立唇腭裂治療團隊需要各方面的人才，有些人很優秀，但沒有錢出國進修，他為了讓人才專心學習，採用另一種方式幫助，就是讓那個人領獎學金。事實上，都是羅院長用自己的薪水，間接透過機構發給他。

為善的同時，兼顧對方的心裡感受，是陳志豪醫師從羅院長身上學到的精神，現在他也帶領一些年輕的醫師，他說：「我希望學習羅院

長的模式來提拔後進，包括告訴他們當今的醫學趨勢，盡力提供機會，把人才放在對的位置，讓他們去發揮。我常跟周醫師分享，前幾年我們去美國看羅爺爺，就是要找回羅院長精神，並繼續在年輕一代傳承下去。」

▲2018年12月，林政輝醫師（右）去美國參加羅慧夫院長追思會，與羅院長夫人（左）合影。

　　林政輝醫師也感念的說：「羅院長對我國醫界的影響，顯著而偉大，40 年的時間是一個軸線，並不是一個單點，在院長退休典禮上，我演奏一首海頓的《皇帝弦樂四重奏》送給他；美國告別式安排在星期六，我覺得應該要有人代表去向他的家人致意，不巧當天我有一個手術。還在煩惱時，病人打電話來說，因感冒發燒，要取消開刀。當下，我就決定趕去參加告別式。」「那天我帶著小提琴上飛機，代表許多國內的醫師，在告別式上演奏 You raise me up（你鼓舞了我），我們這群醫師都因為羅院長當年的提攜，如今成長茁壯。」林政輝醫師有感而發的說：「謝謝您來過，為台灣奉獻一生。」

改革與創新的魄力

羅慧夫在台灣醫療史上有諸多創舉，其中有很多是他在馬偕醫院擔任院長的17年間完成的。在《愛，補人間殘缺：羅慧夫台灣行醫四十年》一書中提到：「所謂『第一』，即是從無到有，沒有經驗可循，沒有前例可以說服他人，靠的只是信心和一試再試的堅毅。」這段話正合適做為羅慧夫院長一生成為開創者的註腳。

大破大立　台灣醫改先行者羅慧夫

在馬偕時期，羅慧夫院長完成的「第一」包括：設置由非醫師身分的人擔任「行政副院長」，管理醫院行政，確立醫療與經營分開的模式；設置台灣第一個加護病房、第一個燒燙傷中心；首度引入防治小兒麻痺症的沙克（Salk）疫苗；設立東亞第一個自殺防治中心、第一個生命線、第一個唇腭裂中心、第一個小兒麻痺重建中心、第一次山地巡迴醫療服務；首創醫師費制度、嚴禁醫師收紅包及在家開業……等等。

羅慧夫院長轉戰長庚醫院後，不是只將過去在馬偕做過的事情重複一遍，而是隨著外部條件的變遷，依長庚整形外科與醫院整體發展所需，進一步發展與深化。例如1987年，他在長庚成立顱顏中心，進一步將顱顏外科、矯正牙科、神經外科、眼科、耳鼻喉科、麻醉科等科的醫師，以及社工員、臨床心理師、語言治療師等專業人員匯集到一處，

成為國內第一個落實專業分科，並強調科際整合的全人醫療服務團隊。從此，抱著唇顎裂新生兒到長庚求診的焦急家長，再也無需於各科門診之間流浪，只要走進顱顏中心，就能獲取完整的資訊與陪伴。

隨著專業分科人才逐漸到位，長庚顱顏中心收治的病童不再局限於唇顎裂患者，還包括正顎手術、小耳症及半邊小臉症、睡眠呼吸中止症、神經纖維瘤及骨纖維異常增殖、其它顱顏畸形……等，只要在「顱」、「顏」的範圍內，都能在此得到最妥適的照顧與治療。此外，在顯微重建整形外科的領域，羅慧夫院長也全力支持魏福全醫師，於 1988 年在顯微中心成立全世界第一個顯微外科加護病房（micro-ICU），現名為「外科第五加護病房」（GSICU 5）。

子弟傳承　成立新單位及開辦長庚論壇

在此傳承下，2015 年獲得台灣醫療典範獎的陳昱瑞醫師，也站在一定的高度，於長庚協助推動成立多個創新單位。他曾歷任長庚體系多項重要職務，除了輔佐羅慧夫院長成立顱顏中心，還陸續整合醫院內部的團隊，成立人工關節置換中心、脊椎中心、臍帶血移植中心、美容醫學中心、健康檢查中心、肝臟移植中心及中醫養生中心，並成立了「長庚國際醫療中心」，協助世界各地的病患來台就醫。

　　1999 年羅慧夫院長離台後，顱顏中心自 2000 年起舉辦「長庚唇腭裂論壇」，提升第三世界對唇腭裂的治療水準。2017 年自長庚醫院退休的陳國鼎醫師回憶：「羅慧夫老師離開台灣時，長庚顱顏中心還沒有現在這麼有名。我們就決定辦一個長庚論壇。希望不只是傳承，更要把長庚顱顏中心推上世界第一的位置。」

　　他說：「第一年我們舉辦的時候很忐忑，不知道所謂的台灣經驗能不能經得起考驗。但羅院長讓我們很感動的是，他於 1999 年 11 月返美後，2000 年 9 月又特地回來支持跟指導我們。第二年，羅院長已經是致力幫助唇腭裂兒童的慈善機構「微笑列車」（The Smile Train）國際醫療團的顧問，因為他的關係，微笑列車也支持我們。羅院長在 2013 年以前，幾乎每年都回來關心。就這樣一屆一屆的舉辦，長庚論壇跟長庚顱顏中心的名聲，才慢慢擴散到國際上。」

　　「從 1999 到 2017 年，我們做的事情就是不斷出國累積學術實力，然後把長庚論壇做起來。」陳國鼎醫師繼續說：「2009 年，顱顏中心先獲得國家生技醫療品質獎金獎；2010 年，顯微中心也獲得金獎。代表我們的服務經過國家認證，屬於世界一流的水準。同樣在 2009 年，陳昱瑞主委支持我們成立顱顏醫學研究中心。雖然隨著出生率下降，病人沒有以往那麼多，我們反而有了較多時間和精力，投入前瞻性的研

究，在國際上做出更多學術貢獻。」

舉辦國際會議　醫美大展鴻圖

此外，為了提升長庚整形外科在國內外的曝光與能見度，自 1980
年代中期開始，羅慧夫院長帶著子弟兵積極舉辦會議、參加國際研討
會，並自 1990 年代開始，爭取國際研討會在我國舉辦。在這當中，
就包括接辦一場由國際美容整形外科學會（International Society of
Aesthetic Plastic Surgery, ISAPS）辦理的研討會。由這場研討會在媒體
的曝光程度，可略窺最初的「醫學美容」領域，是如何進入國人的視
野。

陳昱瑞醫師回憶：「1991 年，我被邀請去日本擔任 ISAPS 的講師。
本來次年要主辦的泰國不曉得什麼原因不能主辦，他們希望我能接辦。
當時台灣還沒有任何人加入 ISAPS，我就變成台灣第一個加入的會員，
把它接回來辦。」「辦這個國際研討會是 1992 年，當時台灣的整形美
容資訊還不多，所以記者很有興趣。會議期間，每天我們都召開記者招
待會，總結討論豐胸、拉皮等技術，每天報紙版面都是半版、一版地報
導。所以國內的美容整形風氣就炒熱了。這不管是對長庚醫院，還是對
整個整形外科醫學會，幫助都很大。」

根絕紅包文化 禁止私下開業

　　羅慧夫院長對台灣醫療文化產生最大衝擊的，莫過於「根絕紅包文化」、「禁止私下開業」等舉措。在「羅慧夫顱顏基金會」推出的紀錄片《長假》當中，羅慧夫院長畢生的好友，曾任馬偕、長庚醫院行政副院長的張錦文說：「收紅包是不道德的，在患者正困難的時候向他收紅包，好像在敲詐一樣。至於不能私下開業，是為了讓醫師有時間進修、看書或是休息。」

　　「但是，羅慧夫院長在馬偕實施這個規定後，還是有醫師在外開業。」張錦文說：「羅慧夫院長不好意思找黃佳經副院長同去取締，因為黃副院長也是醫師，由醫師去取締醫師開業會不好意思啦！所以他找我陪他去抓醫師開業。明明那個醫師就在開業，一去就會抓個正著，何需再去？果然，當時這個醫師正在看診。『所以美國人很直啊！』羅慧夫院長就跟他說：『你明天不用來馬偕上班了。』」

　　有關禁止收紅包方面，在同一支紀錄片裡，羅慧夫院長用略帶美國口音但十分流暢的台語表示：「頭一回，我在馬偕醫院發現有收紅包的問題。剛開始時，我們很清楚地告訴醫師們：『你們不可以收紅包，假如發現收紅包，就必須離職。』此外我覺得，醫師的薪水應該足以養家，

不能靠收紅包來維持家庭經濟。所以首先應該給醫師應有的收入，不可以給他跟清潔工一樣的薪水。所以，醫師的薪水必須提高，我在馬偕醫院採用一種方法，就是把醫療費用的一部份交給醫師；並且跟醫師說：『你不能接受紅包。』」

對於當時大醫院外科醫師在外兼差開業的情形，陳昱瑞醫師當年也是身有所感：「很多老前輩、老教授都在外面開業。那時候外科醫師的薪水很低，一定要自己開業，不然活不了。」陳昱瑞醫師斬釘截鐵地描述當時外科醫師生計的嚴峻，繼而往下說明他對長庚的第一印象：

「1976 年 12 月，台北長庚開幕。開幕之前，張錦文副院長擬了一則〈長庚醫師通訊〉，廣發到各大醫院。內容包括長庚的籌備進度、要招募什麼樣的人才，最主要是說敘薪走美國制度，實施 PF（physician fee），即採用主診醫師費制度；院內分科也很好。也就是說，只要專門工作，薪水幅度還不錯。雖然沒有自行開業那麼多，但比公家醫院好。這對當時我們這些在公家醫院受訓、服務的年輕醫師來說，是非常大的誘因。」

提高醫師收入　為長庚留住人才

在提高醫師收入、禁絕紅包文化及私下開業方面，馬偕時期，羅慧

夫院長便已採用「門診醫師費」制度。也就是說，每治療一個病人，醫師就可以得到另一份收入，相關辦法是按照病況、手術的難易程度來區分點數，再按點數高低提供醫師費。隨後張錦文再設計一種控制辦法，包括「醫師收入重新分配」，也就是科內的各醫師將一定比例的收入，提供出來共同分配。

還有一種「上限」（ceiling）安排，也就是按醫院規定的各醫師每月收入，經過「重新分配」的加成之後，如果還超過規定程度的上限，就按照公式，自超過的數額中，再抽取一定比率的費用，提供院方使用於特殊方面，例如處理醫療糾紛、安排醫師出國學習、出席醫學研討會等。這一套制度，待羅慧夫院長、張錦文兩人轉赴長庚醫院服務後，得到更完整的實踐。

「長庚醫院的薪水制度，相當有智慧。」陳昱瑞醫師說：「醫師看門診、開刀賺的費用，有三分之一可以由該醫師完全取得；又有三分之一是按年資，這個部分醫院有一個級距規定，等到服務滿 20 年的教授級主治醫師時就封頂了。再來是『科貢獻』，這個就很複雜了。所謂的科貢獻，就是對所屬醫療科的貢獻，像教書、做研究，或是得到一些國內外的肯定，或對服務的科、對台灣的名譽有幫助的，都算在裡面。」

他表示，這套制度有時候在比例上會有一點更動，不一定是各三

分之一，但整體來講不會有太大變化。用意是說，努力工作者可以多拿
一些，但是有一個上限，不要讓院內醫師變得跟開業醫師一樣拚命開。
另外就是必須做學問，但也不能光做學問，其他事情都不做。「我們希
望每一位主治醫師都能兼顧醫療跟研究，並取得平衡，獲得合理的報
酬。」

醫美崛起　浪潮難以抵禦

在羅慧夫院長、張錦文教授所奠定的基礎之上，長庚醫院無論是敘
薪或者進修等制度，在後來可以稱之為「王國」的長庚龐大體系裡面，
可說是相當人性化且盡可能地完善了。但也就在長庚醫療體系起飛的同
時，國內整體經濟條件開始脫離貧窮，邁向繁榮。當生活富足，民眾對
於醫療就不只是希望治病續命而已。於是，與健康無關，追求美麗細緻
的整形外科，就在時代和環境的變化中，大幅增加了需求。

始料未及的是，隨著整形美容在國內能見度與討論度的提升，加
上 1995 年實施的全民健康保險制度，使接下來的二十多年，對於各大
教學醫院欲將整形外科人才留在體制內從事醫療服務，造成非常大的困
難。

長庚延續羅慧夫院長在馬偕首創的醫師指定費敘薪制度，病人看得

越多，收入就越高，但同時嚴禁收紅包、私自開業。在這樣的前提下，有的醫師或許是看中醫美的收入，在長庚完成住院醫師訓練後，即選擇離開醫院，在外開業。又或者是考慮到家計，固守崗位數年之後，仍不得不做此選擇。不過，仍有不少年輕醫師留在長庚，不斷研究學習，提升自我，盼為醫療做更大的貢獻。

堅持不開業　長庚整形外科後繼有人

「整形外科訓練完之後，有些學長姐會選擇離開長庚，到診所發展。有的醫師就喜歡做美容手術，有的醫師是為了較好的收入。」師事莊垂慶醫師、從事神經重建顯微手術的張乃仁醫師，屬於 2000 年後進入長庚整形外科受訓、未曾親身受教於羅慧夫院長的青壯世代。在台北長庚五樓的辦公室裡，張醫師推了一下他的眼鏡，接著往下說：

「不過，人的需求其實不是那麼多啦，像我們整天都在醫院上班，薪水大部分用在專業，或是家用。我覺得羅慧夫院長就是深明這個道理，才會有時候對有需要的病人便宜收費，有時候幫病人繳費，等於他自己夠用之後，其他方面就全部捐出去。」

比張乃仁醫師晚一屆到林口長庚醫院整形外科受訓的周邦昀醫師則說：「我曾考慮過要自行開業，有好長的一段時間都沒放棄這個念

頭！」他是已經有三個孩子的年輕爸爸，目前在林口長庚顱顏中心跟隨陳昱瑞醫師學習。他風趣地說：「有小孩子要養，出去開業可以賺得比較多，當然是好事情。後來我沒有出去，一方面是猶豫了幾年，小孩子已經大了，這個時候說要去開業，好像已經沒有那麼必要。」

▲ 2017年3月，羅慧夫院長夫婦（左一、二）與周邦昀醫師（右一）、羅綸洲醫師夫人（右二）等合影，羅綸洲夫人抱著的是羅慧夫院長的孫女。

他又說：「我覺得留在長庚有趣的是，我們不只做醫美，還可以做到重建，幫助這兩種患者後，得到的成就感是不一樣的。同時要獲得這兩種不同的喜悅，大概只有在長庚才能做到。而且我去美國進修後，在長庚顱顏中心展開有趣的研究，如果離開長庚，到外面做研究是不可能的。」

在新的時代　貫徹羅慧夫的開創精神

關於「羅慧夫精神」，這群 2000 年後才進入長庚整形外科，並且不打算出外開業的年輕醫師，最常提到的是時空背景已不如以往，例如過去羅慧夫院長可以向病人少收費、甚至不收費，這是現在的他們基於各種外在條件沒辦法做到的事。而隨著台灣整體醫療環境的發展完備，要如當年羅慧夫院長那般創造許多「第一」，也有其難度。但各個世代有志於傳承羅慧夫精神的醫師們，還有一個相同的想法，那就是「我們不一定要做跟羅慧夫院長一樣的事情，但是可以貫徹羅慧夫精神」。

張乃仁醫師說，顯微外科跟顱顏外科不一樣，不太容易用義診去協助世界各地的醫師。但 2016 年他在加拿大多倫多進修的時候，在社群平台上成立一個「國際顯微外科社團」（International Microsurgery

Club，IMC），它是全世界最大的顯微外科線上教育平台。「目前社團裡有一萬多名會員，其中人數最多的是來自印度、埃及、巴基斯坦等發展中國家的顯微外科醫師，他們大都是年輕醫師，也就是最需要、也最渴望獲得知識跟技術的一群。當然我們也邀請一些大師進來，才不會因為成員都是年輕人，討論不出東西來。後來我輾轉聽說，這個社團在巴基斯坦非常有名，當地不少顯微外科醫師都會參考社團裡分享的資訊，也覺得我們分享的資訊是有品質的。」

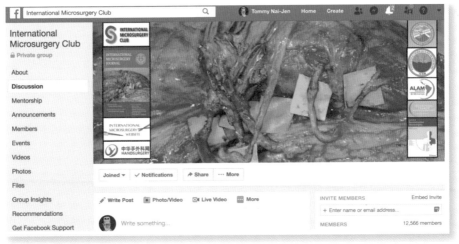

▲張乃仁醫師在Facebook平台建立International Microsurgery Club（國際顯微外科社團），至2020年底，國際會員超過14,500名，為顯微外科全世界最大的線上社團。

2020 年由於新冠肺炎疫情肆虐，所有實體會議幾乎停擺，為維持全世界顯微外科醫師的繼續教育，IMC 自 2 月底開始，每個週末固定邀請國際顯微大師線上直播演講，至 2021 年六月已經辦理 130 場左右。所有的演講也都上傳到 International Microsurgery Website（http://www.IMW.global）供會員學習，所有服務皆為免費。

除了像 IMC 這樣讓醫師彼此交流的平台，張乃仁醫師還透過通訊軟體的群組，建立病患可以直接向他諮詢的管道。「我那個群組裡面，臂叢神經損傷的病人超過一百人。像復健、保險之類的資訊，群組裡面的舊病患教新病患，讓新病患省掉很多摸索的時間。最主要是，有些醫師不喜歡跟病人有太多接觸，但往往因為病患找不到他，病患會出事。很多問題，比如術後傷口不癒合，他們拋訊息上來，我回訊息教他們怎麼做，或是請他們來門診找我，事情就解決了。」

張乃仁醫師說：「院內曾發生一個病人於正顎手術後，不知道為什麼，傷口一直沒有好，有一天晚上突然大出血，他跑去別的醫院處理。別的醫院不知道怎麼辦，塞了一堆紗布想要止血，傷口反而爛掉了。後來他輾轉回到長庚治療，但其實只是小問題而已，很快就解決了。所以，如果可以讓病患有管道提出疑難，讓醫師迅速知道，會省掉大家很多成本，目前本科系的醫師也都這麼做了。」

以研究為志 第二代子弟深耕醫療

　　相對於善用網路工具的張乃仁醫師，周邦昀醫師做的是蹲馬步式的研究工作。「我在德州的時候，學的是人體影像學，也就是透過影像來觀察人體在發育時，骨骼、臉型之類的變化，然後把模型建構起來。回到長庚之後，我們顱顏中心也有一架很先進的 3D 攝影成像儀器，剛好可以應用我在美國學的東西。」

　　周醫師說：「我發現我們之前二、三十年累積了非常多唇腭裂小朋友的照片，可是我們沒有累積正常小朋友的影像。所以我找了林口長庚附近六所小學、六百多位小朋友，每年請他們來醫院照一次相，從小一拍到小六。幾年下來，我們就會累積很多小朋友顱顏發育的影像跟數據。」

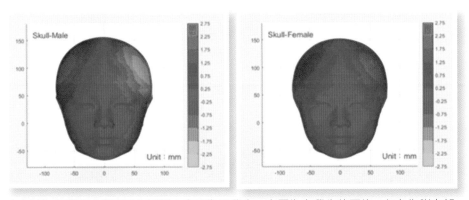

▲上圖為台灣國小學童平均頭型：左圖為男學生、右圖為女學生的平均。紅色為膨出部分，綠色為凹陷部分。

愛，薪火相傳
——羅慧夫精神永不息

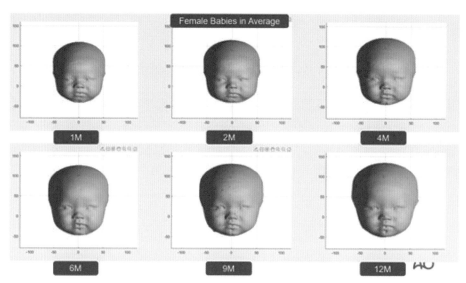

▲上圖為台灣新生兒一歲以內女寶寶不同月份的平均頭型。

▼下圖為台灣新生兒一歲以內男寶寶不同月份的平均頭型。

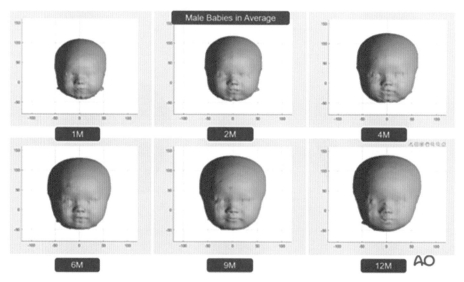

　　「這麼做有兩個用意。」周醫師接著說明：「一個是它會讓我們未來在幫先天顱顏異常的小朋友動手術時，有一個參照跟指引，我們可以知道該怎麼縫，會更接近正常人的樣子。而我們現在建立的這個資料庫，未來也許能夠銜接 AI、大數據的技術。只要小朋友來照一下，我們就能夠預測他往後幾年可能會發育成什麼樣子。等到做到這個程度的時候，對於下巴的發育，我們就有可能提早介入，透過跟矯正牙科的合作，降低患者下顎突出變成戽斗、或是內縮變成小下巴的機率；也降低他們往後需要動規模較大正顎手術的風險。陳昱瑞主委知道這件事情很重要，對我們也非常支持。」

　　還有一些日常事務，也可以看出羅院長對改革和創新的做法：例如在他的觀念裡，只要能幫助行醫或教學，不管是甚麼東西，他都願意提供最先進的。例如台灣還在黑白幻燈片的年代，他回美國看到可以把黑白幻燈片染成彩色幻燈片的染料，就帶回長庚，再請祕書購買用於上色的毛筆，及可做為幻燈片背景的各色海報紙及布料，並將黑白幻燈片製作成彩色幻燈片，用於製作演講時的簡報。

　　第二件事情是，在個人電腦問世之初，他即引進，以儲存病歷及資料，當時一架個人電腦要價新台幣 17 萬元，由四位醫師分攤購買，但請人寫儲存病歷程式的 20 萬元，由他自費提供。之後，他又從美國請

老師來教祕書如何以電腦製作幻燈片，有關講師的機票、圓山飯店住宿費、西裝，全都由他埋單。

第三件事情是，早期手術房的手術燈對於腭裂深部手術的照明不佳，羅慧夫院長到處打聽，後來在國外找到手術燈頭，假日時，他請同仁幫忙組合。此後，不只在執行唇腭裂手術時，可以用來協助探測較深的傷口，也支援其他科的手術。又如手術使用的鋸子、鑽子，每當最新的儀器、設備問世，通常廠商會先賣給歐美醫院，之後才發貨給亞洲國家，所以台灣的醫院會晚好幾年才能取得。每當此時，羅慧夫院長就會向王永慶董事長報備，先以他的身分在美國訂購，再請長庚同時進行採購流程，以便及早取得儀器、設備。

再回到「第一」的定義：即是「從無到有，沒有經驗可循，沒有前例可以說服他人，靠的只是信心和一試再試的堅毅。」這樣從無到有的嘗試，以及從羅慧夫、陳昱瑞等醫師代代傳承下來的開創精神，可說是提供青壯輩醫師們最厚實的文化資產。站在巨人的肩膀上，眺望著滾滾的時代洪流，這群醫師們看見了無數等待實踐跟面對挑戰的大未來。

六、

真正落實「病人第一」

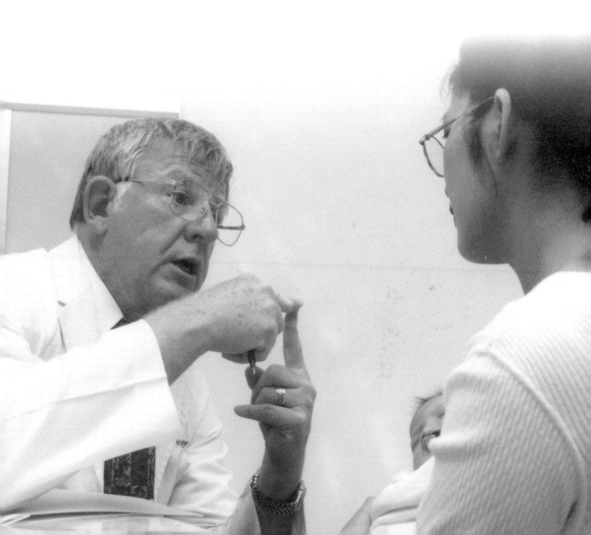

愛，薪火相傳
—— 羅慧夫精神永不息

　　曾繁穎醫師最喜歡羅慧夫院長說過的一段故事：「第二次世界大戰時，德國紐倫堡一座教堂遭受轟炸，建築物全被炸毀，廢墟中發現一尊耶穌基督聖像仍然完好，卻沒了手臂。一位雕塑家受邀為聖像重建雙臂，卻總是無法恢復原貌，後來他放棄了，他在雕像底座寫了一句話：「祂沒有雙手，但你們有啊！」

　　如果以醫師的立場來品味這句話，或可詮釋為：「醫師可以努力用雙手去醫治外表殘缺的病人啊。」從這個故事，不難理解羅慧夫院長的胸懷和他一生的作為。

▲2013年，羅慧夫院長回到林口長庚醫院，陳昱瑞醫師準備了數十本《羅慧夫～台灣行醫四十年》，羅院長親筆簽名送給年輕的住院醫師。

在羅慧夫懵懂的年紀，常聽到教會的大人說，最好的工作就是去海外傳福音，有些宣教士甚至被神派遣到遙遠的島嶼上。後來羅慧夫當上醫生，他來到東方燠熱的島嶼——台灣，實踐了榮耀上帝的承諾，並用醫療專業知識、技能和愛心，去撫慰每一位受苦的病人。他不只治療唇腭裂，更治療病人的身心靈、病人與家屬的家庭生活，還有人生，溫柔地走進他們的生命裡。

讚美 讓病人重拾信心

林蕙芳是一個很好的例子，童年時，蕙芳陸續做了四次唇腭裂修補手術，每次回診，羅爺爺總是讚美她愈來愈美麗，雖然知道是羅爺爺給她的心理建設，她心裡還是覺得暖暖、甜甜的。爺爺不只看病，還會關心她，教她如何過人生。

「妳是個很特別的孩子，努力之外，偶爾也要停下來聞一聞玫瑰花香，記得無論開心或是難過，都可以寫信給我，我想知道妳過得好不好。」羅爺爺說。

羅慧夫院長是蕙芳人生裡重要的精神支柱，無論遇到開心或挫折，她都想提筆寫信和羅爺爺分享。踏入職場後，她曾經遇到抹黑打擊，令她意志消沉好一陣子。有一天，突然收到羅爺爺從美國寄來的聖誕卡

片，盡是滿滿的相信與鼓勵。當她度過難關，獲得終生職的「法官任命令」時，第一時間竟然接到羅爺爺恭喜的電話，剎那間，委屈盡釋，讓她在辦公室忍不住大哭。

羅院長如上帝般的雙手，修補了無數張缺損的臉龐，更用溫暖的心給予病人和家人無比的勇氣，尤其是抱著孩子上門求診的媽媽，她們一直活在自責的陰影下，甚至不敢再生第二個孩子。也有些唇腭裂孩子的母親一進診間就訴苦：「懷孕時我又沒有在家裡釘東西、用剪刀，為什麼孩子會唇腭裂？」羅院長安慰她們：「這是上帝的意思，希望妳疼惜這個囡仔比疼惜別人更多。」

另一個例子是女孩陳傳玲，她患有先天唇腭裂，出生不久家人就帶著她到馬偕尋求羅慧夫院長動手術，後來跟著羅院長轉到長庚，治療過程除了羅院長親自執刀，更接受顱顏團隊完整的治療、一路支持、陪伴和協助，讓傳玲從不感到孤單。

「小妹妹，妳放心，我會把妳變成像外國人一樣水（台語），把妳的鼻子做成和我一樣高高的。」羅慧夫院長說。

傳玲從不因天生唇腭裂而悲傷，她始終相信長大後就會像童話故事裡的女主角一樣美麗，因為「阿兜仔」醫生每次見到她總是說：「妳愈來愈水」。17歲那年，進手術室前，她還開心哼著歌，一旁緊張的阿

▲1999年，陳傳玲（左）與羅爺爺。

婆問她：「哪有人要開刀還那麼高興？」原因是傳玲相信夢想很快就會實現。這當然又是羅爺爺哄她的話，後來她垂眼還是看不到鼻頭，「哪有像外國人？」

不過，雖然沒有變成金髮美女，她確實變漂亮了。回憶 1999 年，她人中部位的皮膚組織變得沒有彈性，羅爺爺再為她手術治療，待全身麻醉清醒後，爺爺才告訴她，已幫她做了美容手術，「羅爺爺果然沒有忘記小時候要把我變漂亮的承諾。」

「免（不用）煩惱，所有的問題，攬作伙（我們一起）來想辦法該絕（解決）。」對於困難度及風險高的手術，羅院長一定會在畫刀前，帶領手術團隊一起為病人進行禱告。內容大致是相信面對一切難題，上

帝都會賞賜力量解決。對於較嚴重的手術，羅院長也一定要等開刀結束，麻醉甦醒，病人生命徵象穩定，再一起將病人送至恢復室，他才會安心離開。

與神同行　捐薪助人

在那沒有健保的年代，遇到窮困的患者，羅院長都會喊一聲：「麗虹！」有默契的麗虹護理長一聽就懂，「好！我知！」然後趕快安排社福機構接手，或跑去櫃台幫病人結帳，有時是院長掏腰包，有時是麗虹發善念付費。她跟在院長身邊久了，不用多說，就會趕快幫忙。

羅慧夫院長也總是貼心顧慮病人的感受，真心協助，而不是施捨。有一天他看到一位母親坐在門診室外傷心哭泣，上前詢問得知是蔡裕銓醫師一名小病人的母親，她帶著剛標到的互助會會錢四萬多元，一早從南部帶孩子來住院開刀，錢卻在往醫院的公車上被扒走了。羅院長於是安慰她，提供車費給她，讓他們先回南部，同時請她跟蔡醫師預約另一個手術時間。到了手術那天，羅院長拿出一筆錢，請祕書送去社會服務處，指定支付這名小病人的醫療費。

羅院長就是這樣的人，即使不是他的病人，只要見到需要幫忙，他都會盡力提供協助。

病人絕對優先　理念落實於整形外科

　　從週一至週五，整形外科團隊一早便趕著早上七點半進行第一台手術，羅慧夫院長也不例外，常常一天要開四、五台刀，其中很多都是嬰兒患者，他不捨得孩子為手術禁食而餓太久，一進手術房，就催促大家動作快一點。他也很貼心，會動手幫護理人員做術前準備工作。因為他急性子，很多人稱他為「羅急急」。

　　當醫生們都開賓士車時，羅急急永遠都是開一輛福特老爺車，開得還比人家快，前往醫院的路上經常超速飆車，卻沒有人敢說他，因為他是把病人擺在第一，正在為病人爭取時間。

　　當年台灣的醫師是絕對權威的，特別是公立醫院的醫師，常常是高高在上，羅慧夫院長看待病人卻是出奇地溫柔。他總是站在病人和家屬的立場，思考如何做到「病人優先」，並注意病人背後的家庭。他認為，最好的治療就是不要讓病人受苦太多、等太久、花太多錢、重複手術，所以要找出手術越少、效果越好的治療方法，他並把「病人優先」的理念，落實在長庚整形外科。

　　在台灣，早期施行唇腭裂手術，唇部要修補一或兩次、腭裂手術也要修補一或兩次；等到孩子開始說話後，因為還有明顯鼻音，有37%

▲1999年，羅慧夫院長從長庚醫院退休返美前，顱顏基金會特別
　辦了一場溫馨的病友會，歡送羅院長夫婦，羅院長手中的圖片
　是身邊小病友親筆畫的。

病人需要施行語言手術；將入學時，又因為鼻子太塌，約五成病人需要
做鼻子美容手術，防止入學時被同學取笑。

　　為了減輕病人和家長的負擔，羅院長督促顱顏中心的醫師們群策群
力，精進技術。所以現在的唇顎裂治療計畫，是在出生三個月內做好第
一次唇裂手術，九個月大時再做顎裂手術，讓患者有良好的外觀跟語言
發展，大幅減少修補手術需求，直到成年才需要做修疤、唇鼻美容整形
或正顎手術。這樣大大減少病人心理和經濟的負擔。

　　有些患者需要修補牙床，這會在九歲時完成。此外，為了減輕家長

▲ 1999年，羅慧夫顱顏基金會為羅慧夫
院長（後排最高者）舉辦歡送會，基
金會成立的病友團體「得福青年俱樂
部」，以「慧」、「夫」兩字為首，
寫成對聯送給羅慧夫院長，謝謝他的
照顧。

和小朋友的心理壓力，羅慧夫顱顏基金會也會舉辦「術前準備班」，透
過模擬手術情境與醫療講座，讓孩子與家長對手術更了解，放心面對。

　　羅慧夫院長訓練年輕醫師時，總會灌輸「減輕病人負擔」的觀念，
以改善服務流程和擬訂治療計畫，如今已變成長庚的醫療文化。例如有
病人從南部北上，同一天看牙科及耳鼻喉科，當看完牙科時，醫護人員
會趕快把他轉診給耳鼻喉科，讓他一個下午可以解決兩科，不必改天再
來，跑來跑去。

以病人為中心　修補病人的人生

　　羅院長的嚴格是大家公認的，唇腭裂真正修補的不只是小病人的傷口，而是整個人生。他的學生幾乎都曾在手術房裡挨過他的罵，甚至要求拆線重縫。因為對病人來說，修補唇腭裂手術只有一次機會，若做不好再修補，很難達到完善狀態。所以，一針一線都要非常講究，須按部就班縫合，傷口復原後就會很漂亮；如果便宜行事，將造成病人一輩子的遺憾。羅院長的個性就是看不得瑕疵，務必做到盡善盡美。這種凡事要求完美的態度，為台灣培育出無數頂尖醫護人才。

　　羅慧夫院長的刀法精準，縫線細緻，長庚整形外科的醫師幾乎都要由他親自考評通過，才能獲准動手術。那年，黃慧芬醫師懷孕，動作變得比較緩慢，羅院長看著慧芬挺著大肚子辛苦的樣子，耐著性子說：「嗯，很好！很好！」慧芬回憶說：「大家都知道院長超級嚴格，當時他應該是覺得我怎麼開刀開得這麼慢？」

　　羅慧夫院長在長庚退休後，還是經常到很多國家義診。記得 2007 年到菲律賓義診時，他的手已經出現微微顫抖的現象，所以他未親自執刀，但在一旁指導。有一次他看到黃慧芬醫師開刀治療腭裂時，把鼻側的黏膜剪了一個小洞，他馬上說：「No! You should not do that!」（不！妳不應該那樣做！）術後他走到慧芬身邊對她說：「其實妳已經做得很

▲2009年，羅慧夫院長（前排右一）率長庚顱顏團隊至菲律賓義
　診，並與當地的小朋友合影。

好了。」羅院長就是會用合適的方法，鼓勵學生應該怎麼做才是對病人
最好。

　　羅慧夫院長對學生的要求總是：「用心！不能只靠技術治療。」
羅綸洲醫師回憶羅慧夫院長對他的教導：「醫師不只要技術好，更要
學會如何和病人溝通、互動，永遠不要忘記大部分的唇腭裂患者來自弱
勢家庭。醫師除了把外科工作做好外，還要給病人充分的尊重跟幫助。
比如說病人接受治療時，大都會感到害怕，所以要給他們足夠的心理建
設。」

愛，薪火相傳
——羅慧夫精神永不息

　　羅慧夫顧顏基金會也扮演重要的角色，每年暑假都會舉辦唇腭裂兒童夏令營，從小學二年級到小學五年級，大概有 60 位小朋友參加為期四天的活動，羅綸洲醫師說，活動時，我們會帶年輕醫師去參觀，除了加油打氣，也讓他們看看基金會在做什麼？怎樣幫助這些唇腭裂兒童？包括觀察他們如何面對周遭環境，了解他們可能遭遇取笑、排斥，甚至霸凌，而導致學習困難。讓年輕醫師理解將來進行治療時，必須以同理心了解病人的感受。

　　唇腭裂的傳玲記得小學一年級時參加長庚醫院為唇腭裂患者舉辦的語言訓練營，小女孩第一次離家外宿，加上個性害羞內向，七天的活動幾乎天天哭著想回家，還好有志工全天陪伴呵護，讓她之後每年都想回到這溫暖的大家庭。長大後，傳玲如願到羅慧夫顧顏基金會擔任志工，在一次活動中，遇到一位唇腭裂的小女孩一直哭泣，讓她彷彿看見當年的自己。傳玲拉起女孩的小手溫柔地說：「別哭！我也是這樣過來的，我陪妳玩。」

　　回首來時路，傳玲很慶幸自己遇到羅爺爺，那份滿滿的愛填補了她人生的缺口，也讓她按著爺爺的理念行事。如果有機會，她願意把爺爺對她的愛，傳承給那些和她一樣的孩子們。「羅爺爺很在乎小朋友在成長過程中的人際關係與社會適應力，我是過來人，知道對孩子而言，心

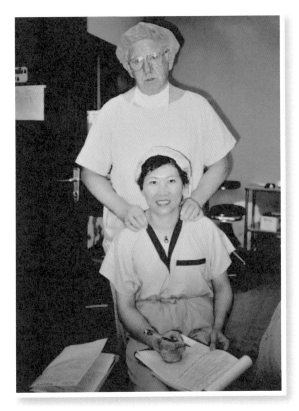

▲ 1998年，黃慧芬醫師首次參加國外義診開刀，由
　羅慧夫院長在旁指導，術後兩人合影。

理支持超過一切，特別是同儕間的影響與學習。爺爺給我最大的禮物是

讓我認識一群比兄弟姊妹還親的顱顏病友，我們一起長大，脆弱時互相

加油打氣，就像家人，更重要的是大家可以一起想念他。」

最後相聚　不是病人是家人

　　一輩子堅毅的羅慧夫院長，從未碰過解決不了的事，連難纏的肌萎症，上帝都牽著他的手挺過。但晚年他飽受帕金森氏症所苦，肢體僵硬，動作緩慢，口齒不清，行動愈來愈吃力。

　　2013 年 9 月 29 日，約定之日，他最後一次來台，羅慧夫顱顏基金會舉辦「羅慧夫醫師感恩見面會」，邀請大家齊聚台北，會議室裡擠滿了人，很多中南部的病人驅車北上，只為見羅院長一面。他們大都和羅院長有超過十年的交情，羅院長是救命恩人、是朋友，更是家人、長輩。當羅慧夫院長踩著蹣跚步伐，不時抖動，但揮手示意不要別人攙扶，要自己走上台前時，大家看到，曾經的巨人老了，病了，但湛藍的雙眼依舊展現滿滿的愛，堅定地站在台上和大家一一握手道別。有人激動哭倒在他的懷裡，老醫師卻拍拍背，安慰他們。

　　蕙芳和傳玲是世界上最幸運的唇腭裂寶寶，因為有阿兜仔爺爺當靠山，除了做手術，還陪著她們長大。兩個小女孩相識於基金會，因為唇腭裂變成無話不談的閨密，相互扶持，她們共同的親人就是羅爺爺。

　　2016 年 6 月間，基金會裡有人發起要去美國幫羅慧夫院長過 90 大壽（按：實際年齡是 89 歲），同行者大都是他以前的同事和學生，傳

玲和蕙芳是病人代表，更正確地說，是台灣孫女。

　　大夥飛十幾個小時才抵達密西根，一開門，姊妹倆衝上前抱住羅爺爺，像蜜糖似的黏住了，大家圍著羅院長說笑，聊個不停。雖然羅院長因帕金森氏症，行動退化嚴重，大部分的時間都坐在輪椅上，家人卻說，羅院長看到台灣家人時，不僅表情不僵硬，還神采奕奕，提議大家外出聚餐和出遊。那三天的時光很像過年，「全家」都團聚了，除了聚餐，還出遊了幾個風景區，包括附近的日本公園、福特總統紀念館、荷蘭村等。

▲2016年，林蕙芳法官（左）送給羅爺爺90大壽禮物「法官熊」（中），替她長伴羅爺爺左右。

▲2016年，羅慧夫院長（前中）90大壽，林口長庚整形外科、羅慧夫顱顏基金會、病友代表到美國為他慶生，後排左起為病友陳傳玲、鄒媛敏護理師、王金英前執行長、曹賜斌醫師、李貴惠護理師、甄秀蘭祕書、病友林蕙芳、黃慧芬醫師。

　　羅院長一輩子簡樸，從不收貴重禮物，但會收病友送給他的全家福照片，他看到病友有個完整的家庭和健康的下一代，就心滿意足了。他領著姊妹倆來到書房，蕙芳簡直不敢置信自己開心微笑的照片，就掛在書桌正前方。這時蕙芳從包包裡拿出穿著法官袍的熊布偶，整理好，擺在窗前。

　　「我無法時時刻刻都在您身邊，但小熊可以替代我陪伴您。」蕙芳說。

　　兩年多後，得知爺爺健康情況不太好，蕙芳趁感恩節空檔搭機從柏克萊飛到密西根探望他，一路上，心裡七上八下地禱告著。「羅爺爺的家人帶著我踏入爺爺的房間，輕聲告訴我，爺爺大部分時間都在睡覺。看到睡得很安穩的羅爺爺，我挨近床邊低喚，爺爺隨即緩緩張眼醒來，湛藍的雙眼馬上認出我，露出驚喜，還伸出手來給我一個擁抱。」

　　幾天後，為了讓羅爺爺能和台灣的親人們通話，蕙芳開啟多方視訊連線，當時線上有傳玲、Nancy、Emily。見到熟悉的親人，羅爺爺精神顯得特別好，也很興奮，但顫抖的手無法按準線上通話的傳玲圖像，一旁的蕙芳抓起他的手幫忙按下，當他看到視訊那端傳來傳玲對他打招呼的畫面，羅爺爺呵呵地笑了。那短暫的笑容勝過溶雪的冬陽，卻是最後的相聚。

　　即便老了、病了，爺爺曾經是帥帥的醫師，身上總是飄著一股淡淡的古龍水味，姊妹倆這輩子對他的記憶，永遠都是香香的、高高的，只要想起爺爺，她們就會翻出照片看看，彷彿爺爺從未離開過。

　　「其實爺爺已經住進我們的心裡。我覺得愛他是天經地義的事，因為爺爺是家人。我學到他的精神和上帝的愛，因為有上帝的愛，所以敢去做困難的事。愛有多大，力量就有多大。爺爺一輩子都在努力活出上帝的樣式。」蕙芳說。

薪火相傳　永續羅慧夫精神

2018 年 12 月 3 日，91 歲的羅慧夫院長榮歸天國，但是他一生栽培過的醫師代代傳承，永遠記得他如何以病人為中心；團隊成員看著他如何散盡家財，到處助人，永遠記得他如何以奉獻精神照顧他人；被他醫治身心的病人，永遠記得要以同理心陪伴受苦受難的人；受過他恩惠的病人家屬，散佈在社會各角落，人人都了解，扶弱濟貧是人類的天職。羅慧夫的大愛已經開枝散葉，永遠流傳。

這些年來，人們經常聽說長庚顱顏中心醫師又對經濟弱勢病人減少大筆收費，但本書欲納入相關內容時，受訪醫師都為善不欲人知，幸好有病人家屬透露如下的往事：

宜蘭女孩薇亞八歲那年一天晚上，她一如往常的在大型抽水馬達出風口旁吹頭髮，然而下一秒，長及腰際的頭髮被巨大的扇葉捲入，高速轉動的機器將她的頭髮連同左側頭皮狠狠撕扯下來，頓時血肉模糊，血流滿地。

經送宜蘭的醫院和台北一家公立醫院，都無力治療，家屬再把薇亞送到台北長庚醫院，到達時，已經深夜 12 點多了，撕下的頭皮幾近壞

死。不幸中的大幸是，顱顏整形外科醫師陳昱瑞出國進修回來，就接到醫院的電話，凌晨兩點，他急奔手術室，經由幾個鐘頭的手術，以先進技術以及後續轉入林口長庚的治療，使薇亞回復健康和美麗。

「陳醫師是我們的恩人。」薇亞的媽媽說，那天是他們家最困難的時刻，她永遠記得，當天亮手術完成時，陳醫師累了一夜，在手術室啃麵包。在後續的治療中，還問他們家境如何？她據時以告，說公公過世不到一年，婆婆因胃癌住院，家中經濟負擔沉重。結果她去櫃台付帳時，櫃檯小姐悄聲問她：「妳們跟陳醫師是什麼關係？」她回答：「我們並不認識陳醫師。」對方告訴她，這麼嚴重的手術，如果正常收費，要花很多錢，但陳醫師在手術費方面，只開價 900 元；後來陳醫師還請祕書幫忙他們申請手術輸血費和社福補助，幫他家度過難關，令她感懷至今。

受到羅院長身教影響的，不僅是他的醫師學生們，而是整個全人醫療團隊。例如每次長庚顱顏中心聚餐活動時，周素葉個案管理師經常晚到，而平時也經常忙到三更半夜才返家。

「病人第一、家人第二、自己最後。」這是在病房負責「術前衛教、術後照護」的周素葉的寫照。

愛，薪火相傳
—— 羅慧夫精神永不息

1993 年，周素葉進入長庚顱顏中心受訓、工作，當時跟羅慧夫院長相處的機會不多。但是她說：「顱顏中心是一個大家庭，進來這裡，從醫師或祕書們那邊，會聽到很多故事。透過這些故事，『羅慧夫精神』便在無形中影響到我們。也就是說，我們的動機不是為了要仿效羅院長，而是在這個環境裡面，自然而然就會想要去幫助別人。」

在長庚顱顏中心工作超過四分之一世紀的她，秉持著「要讓小朋友順利復原，就要先讓家長心定；要讓家長心定，就要先穩定小朋友的情緒」的照護理念，在病房裡照顧過無數唇腭裂及顱顏病人的家庭。「穩定」這兩個字說來簡單，但術後她花在每個家庭的時間，至少都要一至三個小時，這也是周素葉經常晚歸的主因。即便病人已經出院，周素葉也會將聯絡方式留給家長，方便隨時提供諮詢。有時觀察到病人家庭的狀況可能比較弱勢，周素葉還會自掏腰包，幫病人結掉部分費用，或是購買棉花棒之類的醫療用品，交由社工人員轉贈，卻不會讓病人家庭知道。在這方面，活脫便是羅慧夫院長的翻版。

「羅慧夫院長對我們的影響是無形的，我們如果能影響別人，那也會是無形的。」周素葉說：「我能做到的事情是，把自己份內的工作做好，讓從中國大陸或東南亞國家來受訓的護理長和護理師們，看到我們照護傷口的技術，及對待病人的心。只要他們同樣有『病人優先』的心

▲ 2015年，周素葉個案管理師（右）到美國探望羅爺爺，在書房合照。

和以『愛』為理念，就能從我們身上學習到這樣的精神，再帶回去照護他們的病人。」

由羅慧夫院長治癒及愛心關懷下長大的唇腭裂女孩蕙芳，長大後畢業於東吳大學法學院，並以優異成績取得美國加州大學柏克萊分校法學碩士學位，如今擔任法官公職。有一年，在法官的研習場合，蕙芳與學弟合拍了一支探討「要不要生下唇腭裂的孩子」的短片。短片播映完畢，蕙芳分享短片發想緣由時，她鼓起勇氣告白：

▲1999年，羅慧夫院長（最高者）退休回國前，在中泰賓館的晚宴，與社工、病友合照，第一排中間的白衣女孩是林蕙芳法官，在她右邊穿紫衣的是陳傳玲。

「雖然一路走來很辛苦，但請不要懷疑，現在的我過得很好。我努力生活，就是想以自己做為證明，讓唇顎裂寶寶的父母看見孩子的希望。我的成長過程並不輕鬆，但最終是好的。唇顎裂孩子及早接受治療，就會有正常的外觀和美好的未來，希望唇顎裂的孩子和家長，都能擁有勇氣與信心，微笑迎向燦爛的明天。」

蕙芳努力用自己的故事改變大家對唇顎裂孩子的看法，她知道，這是羅爺爺最大的期待。

七、

為善不欲人知

愛，薪火相傳
──羅慧夫精神永不息

　　在羅慧夫院長一生的諸多貢獻當中，留下資料最少也最難以談論的主題，恐怕就是「捐款與社會救助」了。有關他的領導、教育、貢獻等方面，可以透過他的同事和學生們口述來了解；關於他對病人好的方面，病人知道得最清楚；至於他成立各種基金會與舉辦義診，本來就是要透過推廣來募集更多社會資源投入，本意也是要讓更多人知道。只有他畢生的捐款與所做的社會救助，就像他從不在公開場合宣教一般，向來不談論。所以，學生和同事所知道的只是一鱗半爪。湊起來看，恐怕也只是冰山一角，無從得知全貌。

▲1993年，羅慧夫院長（後排中）獲頒第六屆吳尊賢愛心獎。

　　至於曾親炙羅慧夫院長教導的學生們，也許因為被教得太好了，像是開刀少收費、甚至為患者付費這樣的事也許並不少，尤其是在健保制度推出之前，但也只有零星的事蹟流傳出來。不管是羅慧夫院長本身，或是第一代弟子們所做過的善舉，大多是靠著資深祕書的口述，才能流傳至今，為年輕一輩醫師所知曉。

羅院長的薪水哪裡去了？

　　2013 年 1 月，一則名為〈整形祖師爺羅慧夫　窮到沒錢動手術〉的新聞，迫使羅慧夫顱顏基金會發出聲明表示：「羅醫師夫婦生活簡單儉樸，生活大致無虞。」免去外界的擔憂。

　　許多人所不知道的是，這位國際名醫一輩子賺的金錢雖然不少，卻絕少用在自己及家人身上。

　　有關羅慧夫院長的捐款，大部分由他的祕書 Emily（黃吉華）處理。有一次 Emily 休假，由 Nancy（即甄秀蘭祕書）代班，期間，碰上當月 5 日的發薪日，Nancy 幫羅院長寄出多張捐款支票。等 Emily 休完假回來，Nancy 問及此事，Emily 才跟她說了一些捐款的故事，而這些事，知道的人很少很少。

　　Nancy 表示：「Emily 說，羅慧夫院長常常開支票捐錢，有一次存

愛，薪火相傳
—— 羅慧夫精神永不息

▲1999年羅慧夫院長退休離台前夕，與兩位祕書合影，左為Emily，右為 Nancy。

款不足，差點跳票，銀行打電話來通知時，Emily 還得緊急幫院長把錢存進去。有時候 Lucy（羅慧夫夫人露西，中文名白如雪）需要錢用，但 Lucy 沒有戶頭、沒有錢，她也是請 Emily 轉告羅院長，下班後要帶錢回家。」

「羅慧夫院長捐的款項實在太多了。」他的「超級祕書」黃吉華說：「羅院長在美國所屬的『改革宗』教會（Reformed Church in America，或譯為『歸正教會』），設於南加州橘郡林園的水晶大教堂（The Crystal Cathedral），該教會的羅伯特‧舒樂牧師（Rev. Robert H.

Schuller）主持勵志電視節目「權能時間」（Hour of Power），觀眾散佈在全球一百多個國家，既有培靈效果又有佈道功能。羅院長和羅伯特牧師是好友，所以常慷慨解囊贊助該電視節目，期待藉由電視傳講耶穌及天國福音的好消息。」

她表示，台灣有很多像羅院長一樣從國外來的宣教士，如果他們想要蓋孤兒院或是需要募捐維持運作，宣教士之間有互相傳遞消息的管道，羅院長一知道，就會捐錢。

捐錢　不讓當事人知道是誰捐的

「可是羅慧夫院長在捐錢的時候，通常不會讓當事人知道是他捐的。羅院長的做法是把錢匯到美國的改革宗教會，指明這筆款項要捐給誰、做什麼用途。等於是用教會的名義，捐款給他要幫助的人。」黃吉華祕書回憶：「王永慶董事長在跟羅院長洽談要成立長庚醫院時，羅院長就爭取讓長庚仿照馬偕的『院牧部』，也設立一個宗教關懷部門，並想聘請葉高芳牧師來主持。那是 1985 年，葉牧師在美國克萊蒙特學院（Claremont College）研習，部分學費及後來他來台灣的機票，羅院長都是透過克萊蒙特學院提供給葉高芳牧師。」

「羅院長的做法是，如果是捐給病人，可能是透過醫院的社會服務

愛，薪火相傳
——羅慧夫精神永不息

處，其他方面大多是透過教會，當然就變成以教會的名義提供的獎學金等等。」被羅院長戲稱為「最會保存東西」的黃吉華祕書，這時從厚厚的文件中抽出其中一張：「當然偶爾也有以羅慧夫院長為名義的捐款。例如這張是感謝函，顯示捐款兩千塊美金，這跟一些大企業家比起來，不算太多。可是羅院長捐助的機構太多了，總數也很可觀。加上他在台灣、美國都要繳稅，剩下來的錢就不會太多。」

「還不只是這樣。」羅慧夫院長的學生、林口長庚醫院執行副院長陳建宗笑著說：「羅慧夫教授不存錢到什麼樣的程度呢？有一段時間，他罹患攝護腺癌，回去美國養病。等到他回台灣的時候，因為戶頭裡已經被扣到沒錢，家裡被斷水斷電。我們學生知道的事可能沒有祕書們多，可是從這些蛛絲馬跡，還有羅院長平時的為人，可以感受到他不吝嗇的一面。這也是我們要向他學習的。」

身為宣教士，美國的改革宗教會有時會捐款資助羅慧夫院長。「通常都是小額的捐款，例如五塊、十塊、二十塊、一百塊美金。但是羅院長都沒有使用，錢一進來就直接轉出去。」黃吉華祕書說：「早期羅院長可能看哪裡有需要，就轉到哪裡去。後來羅慧夫顱顏基金會成立了，就交代我把捐款轉到基金會。雖然是小額，但也是積少成多。」

感染身邊的人　也都掏腰包做好事

　　較兩位祕書稍晚進入長庚服務的林麗虹護理長，也從護理人員的角度，貼近觀察到羅慧夫院長如何從不斷少收診療費，一路走到成立羅慧夫顱顏基金會，提供更進一步的捐款與社會救助機制給患者。林麗虹護理長回憶，「以前沒有健保的時候，羅院長收手術費已經很便宜了，但有時候還是會遇到沒錢辦理出院的病人。所以我常在工作時接到羅院長來電，只喊一聲『麗虹』，我就知道有事情要處理了。」

　　她表示，基金會成立前，羅慧夫院長通常是將經濟條件不好的個案，轉介給醫院的社會服務處。「但是，社服處有一定的撥款規範，制度是不能改變的。有些家庭不符合條件，就不能資助。再來，社服的資源有限，也不可能全額補助。這種情況下，我們就會自掏腰包幫病人結帳。」林麗虹護理長說：「羅院長當然幫忙結過帳，我也結過。這都是小錢，因為羅院長已經收費很便宜了。」

　　從林麗虹護理長的觀點來看，羅慧夫顱顏基金會的成立，部分原因正是羅慧夫院長累積了長年的觀察，認為必須有這樣的機構，從醫院體制外來減輕病人及家屬的負擔。「我們長期跟著羅院長，很多處事的方式都學他，也變成習慣了。」林護理長說：「像基金會草創之初，真的缺乏經費，但我也不可能一次捐幾十萬元，所以就一直在思考能

▲2007年，羅慧夫院長率長庚顱顏團隊至廣東汕頭義診。

幫什麼忙？結果就是基金會義賣什麼，我就在能力範圍內花一些錢買下來。比如基金會賣衣服，我就買一堆回來送大家穿。當然這是剛開始，等到基金會的運作有起色，募款累積不少金額，有幾年我就沒有再買什麼了。」

她表示：「後來羅慧夫顱顏基金會從事海外義診，那些手術用的醫療耗材，像是縫線之類的，對基金會而言，又是一筆負擔。基金會請我幫忙買縫線，我就跟基金會說：『好，我幫你們買，但是基金會不用給我錢。』

▲2015年，長庚顱顏外科同仁、羅慧夫顱顏基金會代表去美國大急流城，探望年邁的羅慧夫院長，左起為周素葉個案管理師、羅院長夫人、羅院長、林政輝醫師、黃吉華祕書、李貴惠護理師、羅慧夫顱顏基金會王金英前執行長。

至於廠商那邊，我跟他們說：『這是基金會要用的醫療材料，因為基金會資金有限，請問能否比照賣長庚醫院的價錢賣給基金會？』實際上，我是自己負擔每次海外義診的醫療材料費，沒有跟基金會收錢。」

林麗虹繼續說：「久了以後，我覺得基金會在義診這一塊也做起來了，就幫他們搭上線，讓雙方自行接洽，但請廠商比照賣給長庚醫院的價錢提供醫材給基金會，『義診是去做好事嘛！』」

傳承羅慧夫精神　打造美麗殿堂

　　較林麗虹護理長稍晚進入長庚體系受訓、服務的陳國鼎醫師，自1985 年起，便跟隨在羅慧夫院長身邊學習。在唇腭裂的治療上，陳國鼎醫師可說是盡得羅院長的真傳，再不斷自我砥礪、精益求精。在工作態度方面，陳醫師受到的最大影響，大概就是傳承到羅院長對工作的熱情。陳國鼎醫師在長庚服務三十餘年間，予同仁、後進的印象，大抵是「手術開得又快又好的工作狂」。

　　只是在長年高壓、疲憊的工作狀態下，陳國鼎醫師自覺並沒有真的把每一個唇腭裂病人及其背後的家庭照顧得十分完善，有違羅慧夫老師的教誨，及他投入唇腭裂治療的初衷。於是在 62 歲之齡的 2017 年，毅然離開耕耘了三十多年的長庚醫院，到台北醫學院附設醫院擔任顱顏中心主任，要以自己的方式來仿效羅慧夫精神，起造另一座顱顏外科的殿堂。

　　「當羅慧夫老師得知我要離開長庚時，他寫了封信責備我的決定。我回了封四頁長的信，告訴他我的理由。」2017 年底，陳國鼎醫師在自己的網誌上，寫下〈2017 年終感言〉，在結尾的那段提到：「我一直記得 1994 年，羅慧夫老師獲頒 Maliniac Lecturer 獎（麥林尼克獎），並在美國整形外科醫學會『麥林尼克講座』演講『Building a

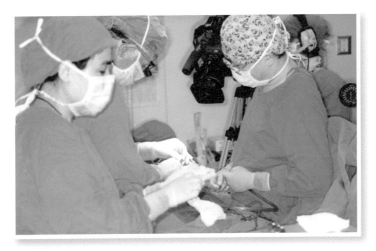

▲羅慧夫院長（中）退休返美前，於1999年11月9日，在林口長庚兒童
醫院八樓手術室73房開最後一台刀，助手是陳國鼎醫師（右），左
為林麗虹護理長。

Cathedral』（打造美麗殿堂）。我希望能在剩下的歲月，打造我心中的
美麗殿堂，我也許只能成就小廟，又或許也能成就大教堂，無論如何，
這會是我心中理想的形式！」

　　陳國鼎醫師回憶，羅慧夫老師在後續的回信裡表達完全的諒解，也
在信末提到他每晚都會為陳國鼎禱告。做為羅慧夫老師長年的學生與友
人，陳國鼎理解到，這是老師所能給予的最大祝福。做為老師當年披荊
斬棘精神的追隨者，陳國鼎開始著手，在新的環境建立新的顱顏中心、
新的科際合作模式、新的團隊，為了顱顏病人的福祉，他在海峽兩岸分
別連結新的社會福利資源。

創造新的連結　照顧更多病人

首先在 2018 年 1 月，陳國鼎醫師將一位中國大陸病患家長所捐助的大筆款項，委由蘇州明基友達公益基金會，成立公益項目「鼎愛天使」，用以幫助中國大陸的唇腭裂病患，並由基金會的社工協助審核申請人是否符合補助條件。另外，陳國鼎醫師在台灣也與新的服務單位磋商，成立「顱顏中心發展基金」，藉由該單位的管理與審核機制，確保將每一分錢都使用在顱顏畸形與顱顏罕見疾病患者的身上，推動「以病患及其家庭為中心」的全人醫療。

「這兩個分別在台灣跟中國大陸的基金，規模都不大，可是我就可以做一些我自己想做的事情。」陳國鼎醫師說：「我現在過得很開心。雖然我能夠運用的資源不多，病患人數也比以往少，可是我相信，現在我有更多的時間，可以關注我的病人，讓他們都得到很好的待遇。」

雖然長庚部分老師紛紛屆齡退休或另謀發展，也有不少同世代的醫師在結束住院醫師訓練後不久便離開了長庚。但尚堅持在長庚崗位的年輕輩醫師，於擔負繁重的臨床與研究工作之餘，仍然頻頻回顧祖師爺羅慧夫院長的事蹟，並思考著如何在現今的環境下，延續他為善不欲人知的精神。

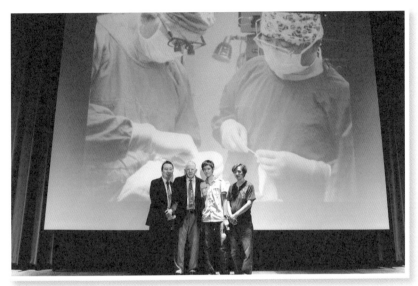

▲螢幕畫面是1999年，羅慧夫院長（上左）開最後一台刀，由陳國鼎醫師（上右）擔任助手。當時受治的病人黃煜倫（下右二）和他的父親（下右一），於2013年9月29日，參加在臺大霖澤館國際會議廳為羅院長舉辦的「最後一次回台告別會」中，和羅院長（下左二）、陳國鼎醫師（下左一）於螢幕前合照。

為善的同時 應顧及當事人感受

　　周邦昀醫師便說，當年科系內集資欲幫羅慧夫院長籌措治療手術費的時候，他還是住院醫師。他去找羅院長的資料來看，才知道羅院長先前在台灣做了多少事、幫了多少人，令他覺得不可思議。「怎麼會有這樣的人？為了幫助別人，自己沒留下什麼積蓄。」他表示：「如果今

天換作是別人，我們會覺得這可能是在騙人，只是透過放消息來騙一筆錢。但今天是羅慧夫院長，我們從資料裡面，還有從老師們那邊得知，羅院長真的是把絕大多數財產都捐出去助人的、偉大的人物。」

張乃仁醫師表示，羅慧夫院長把大部分財產捐出去，跟家人的生活過得很普通，退休後也沒有留下什麼錢，但羅院長還是願意這麼做，這件事很不容易，從這裡面他得到的啟發是：「做為一輩子都在治療病人的醫師，其實身邊有很多人在幫我們，像是護理師、助理、住院醫師、研究員等等，其中只有我們主治醫師的薪水會隨著病人的人數變多而增加，其他人領的都是固定薪資。羅慧夫院長這麼做，等於是一個取之於社會、用之於社會的概念，這個概念也讓我受益良多。」

就算我們不能夠幫助非常多人，至少可以從身邊的人開始。總有一些夥伴處於生活甚至人生的低潮，他們可能不好意思說，但是如果我們發現了，應該要不吝詢問對方需不需要幫忙。醫病關係當中，病患通常比較弱勢，我們隨手的幫忙，或設身處地為他們著想，常常對他們的人生非常重要。職場當中有些族群是比較弱勢的，也要好好考量他們的立場，了解他們的壓力所在，才能夠建立一個互相了解、體諒，且互相扶持的團隊。

陳志豪醫師說，我們從祕書那邊聽到很多羅慧夫院長的事蹟，像是

他以一種宗教家的精神，自掏腰包幫助很多弱勢患者家庭。「但最讓我印象深刻的是，羅院長通常不會直接捐錢，而會注意到病人或者受助者的感受，用間接方式來協助他們。」就是說，不是只有施捨、救濟，才是做好事。為善的同時，要顧慮到當事人的感受，可以用間接的方式支持。

他表示，雖然我們現在沒有辦法像過去一樣，對病人減少收費，或是直接幫他們付費，但是我們可以多提供一點時間，多關懷比較弱勢的患者，給予醫療之外的支持與鼓勵。「在醫療端，我想這是我們目前可以做得到的事。」

認識更多基金會　幫病人找資源

至於自覺應為長庚顱顏中心多付出一些努力的盧亭辰醫師，在社會救助這一塊，想的又更遠了一些。「2019 年，『罕見疾病基金會』成立 20 年，他們想辦一個國際研討會，寄邀請函到長庚顱顏中心。過去我們跟罕病基金會沒什麼接觸，但我因為接下了顱顏中心的門診，很多顱顏疾病都是發生率小於萬分之一，符合罕病的定義，我就跟本科祕書自告奮勇，說我要去參加。」盧亭辰醫師說：「原因是我想跟罕病基金會多接觸。」

愛，薪火相傳

——羅慧夫精神永不息

　　會踏出這一步，是因為盧亭辰醫師知道，給予病患的社會救助資源，光靠一個基金會是不夠的。「基金會能給付的補助額度有限，可是對於病人家屬來說，只要符合資格，他可以向不只一個基金會來尋求協助。」盧醫師說：「另外，每個基金會能夠提供的資源，有時候並不重疊。比如說，罕病基金會有跟開業心理師合作，可以補助患者進行心理諮商。這個部分，羅慧夫顱顏基金會還沒有提供服務。」

　　「有關我的嘗試，是希望認識更多基金會，幫病人找到更多資源。也希望讓罕病或更多的基金會，知道長庚顱顏中心也做得很好，當罹患罕見顱顏疾病的個案找到他們的時候，也能提供他們更多醫療選項。等於雙方在友善的基礎上，互惠互利，做更多的好事。」盧亭辰醫師表示，長庚的老師們常說，羅慧夫院長總是會為他的學生找到最適合的資源，提供病人最好的服務。「雖然我們沒辦法做到像羅院長那樣，把錢都捐出去做好事，但在社會救助這一塊，我們可以串連更多的資源，帶給更多有需要的人。」

八、

協助國外成立顧顏基金會

愛，薪火相傳
—— 羅慧夫精神永不息

　　在菲律賓馬尼拉一處門診間裡，身穿 Polo 衫、牛仔褲的伯尼醫師（Dr. Bernard U. Tansipek），正在親切地問診。坐在他對面的是一位抱著小孩的年輕媽媽。跟伯尼交談的同時，她頻頻低頭，看著坐在腿上的孩子。

　　順著伯尼的目光看過去，小女孩有一雙漂亮的眼睛，黑眼珠不停地轉動，打量門診間的環境。不尋常的是，孩子的左側唇角裂開一道縫隙，像是偷拿媽媽的唇膏把玩、卻不小心畫歪了一樣。不一樣的是，這條縫隙一路延伸到左眼下緣，是沒辦法輕易卸妝乾淨的。

　　面對這樣一張「有瑕疵」的稚嫩臉龐，伯尼的表情卻無任何異樣。因為他知道，沒有什麼「缺陷」是不能夠用愛來彌補的。那一刻，除了診間裡的這對母子，從外面的候診室到診間外走廊椅子上，還有許多對親子正在耐心地等待看病。

　　曾經在林口長庚紀念醫院接受完整訓練伯尼醫師，於 2005 年返回馬尼拉，至今幫助過的家庭不知凡幾。做為獻身治療唇腭裂患者的整形外科醫師，如果問他，誰是影響他最多的人生導師？他會毫不遲疑地說，是羅慧夫院長。事實上，除了擔任醫師之外，伯尼還有另外一個身分，那就是羅慧夫顧顏基金會菲律賓分會的董事長。

羅慧夫顱顏基金會　從在地走向國際

羅慧夫院長來台 30 年時，於 1989 年在台灣捐款成立的「財團法人羅慧夫顱顏基金會」，已經走過了「艱辛的開創期（1989-1993）」與「擴展會務的發展期（1994-1997）」[①]。時任基金會董事長的黃烱興醫師，在基金會 1999 年拍攝的紀錄片《長假：羅慧夫台灣行醫 40 年》裡表示：

「羅慧夫顱顏基金會的發展，是以對病人的服務為最大目的，我們都提供第一線的服務，除北部總會外，在中部、南部成立分會，同時也成立顱顏家長支持性團體。我們希望，如果家庭出現唇腭裂新生兒，只要父母打一通電話到基金會，我們馬上就請義工媽媽前往，提供第一線的服務。」他概要地總結了前兩階段的成就。

曾多次接任基金會董事長一職的黃烱興，在《長假》拍攝完成的 20 年後，再度談及基金會一路發展的歷程，他認為基金會能夠堅持這麼久，得益於羅慧夫院長的教誨。「他給我們一個訓練，要求我們好好的做事情，去幫忙需要幫忙的人。只要把事情做好、做對，讓大家看得到，就會有人來幫忙你。」黃烱興說：「基金會剛成立時，知道我們的人不多，但經費消耗很快，夥伴們都很擔心財源問題。經基金會執行長

愛，薪火相傳
—— 羅慧夫精神永不息

王金英和羅院長大力推動宣揚基金會的目標和宗旨，社會大眾看到基金會團隊用心做好的每件事情，受到了感動，就開始有越來越多的小額捐款，幾百塊、幾千塊捐進來，幫助我們一直撐下來，撐了30年，做到現在。你可以看到，我們還把服務擴展到全世界。」

▲ 1994年羅慧夫醫師榮獲美國整形外科醫學會最高榮譽的麥林尼克「Maliniac Lecturer」特殊貢獻獎。

所謂的「擴展到全世界」，其實毫不誇張，而是實實在在發生。例如1998年，基金會在台商的穿針引線下，到越南胡志明市開始第一次海外義診，這代表羅慧夫基金會進入第三階段的服務，即「創新小耳症服務，並開創唇顎裂國際援助」（1998-2001），以及延續至今的第四階段服務，即「深耕台灣，邁向國際」（2002迄今）[2]。

　　在先天性顱顏畸形當中，唇腭裂是最常見的，其次是小耳症。根據統計，亞洲地區小耳症的發生率約為五千分之一至六千分之一。換言之，每年在台灣，約有 30 至 40 名新生兒小耳症患者出生。有鑑於小耳症患者的治療需求日增，基金會首先在 1999 年 3 月成立「小耳症家庭聯誼會」，全力拓展對小耳症患者的服務。與羅慧夫基金會長期配合的長庚醫院顱顏中心，此時也出現一位專攻小耳症治療的陳潤茡醫師。陳潤茡於 2001 年 7 月赴日本 Akiba 醫院進修，師事小耳症專家永田悟（Dr. Satoru Nagata），擔任一年的整形外科臨床研究員。學成返國至今，陳潤茡與基金會搭配了將近 20 年，嘉惠許多小耳症患者。

▲ 專攻小耳症治療的台灣顱顏學會理事長陳潤茡醫師（後排右邊第三位），
　與羅慧夫顱顏基金會長期合作，嘉惠許多小耳症患者。

愛，薪火相傳
——羅慧夫精神永不息

在國際援助方面，項目則精細得多，除了最為大眾熟悉的海外義診，尚包括種子醫療人員培訓（2000 年迄今）、手術前後治療與追蹤服務（2003 年迄今）、海外患者來台就醫（2002 年迄今）、醫療設備捐贈、人道援米計畫。在歷任董事長及王金英執行長的領導下，基金會與長庚整形外科並肩前進，要像羅慧夫院長過去為國人所做的一樣，將累積數十年的唇腭裂治療經驗，帶給更多有需要的區域及人民。

品牌非偶然　好事要讓更多人知道

例如在印度洋的西南方，在馬達加斯加以東 600 公里、距離非洲大陸 2200 公里處，一位來自加拿大的退休醫師，於駕船環遊世界的旅程中，於 2000 年前後來到模里西斯。這個曾經被法國、英國殖民的群島國家，由多種居民組成，行走在街上，可以看到很久以前來自印度、非洲、中國大陸、法國等不同地方的臉孔。老醫師信步而行，忽然注意到一個家庭：爸爸是華裔，媽媽大概來自歐美，身邊帶著一個少年。少年嚴重上顎骨發育不足、相對性下顎突出、上下顎牙齒幾乎沒有咬合。

基於職業良心，醫師上前詢問少年的父母。原來這位先天性顱顏畸形（Pfeiffer Syndrome）的少年名叫 Kevin（凱文），在他出生四個月大時，曾在南非共和國接受義診，進行廣泛顱縫切除手術，再於一歲和

六歲時，各動了一次顱顏手術。但術後至今，臉部仍有嚴重的缺陷。聽完父母陳述的經過，再簡單評估 Kevin 的狀況，老醫師想了想，便對 Kevin 的雙親說：「可以考慮到台灣的長庚醫院，找一位陳昱瑞醫師幫忙。」這位老醫師不是別人，正是陳昱瑞在加拿大多倫多大學整形外科暨多倫多兒童醫院顱顏外科擔任臨床研究員時的老師──國際顱顏外科大師伊恩‧門羅（Dr. Ian Munro）。

原來，長庚整形外科在國際醫壇享有盛名，自 1990 年代起，不時便有海外的顱顏患者來台就醫。待羅慧夫顱顏基金會與長庚顱顏中心開始發展國際合作方案，雙方對海外患者來台就醫，合作得十分緊密。以模里西斯少年 Kevin 為例，由基金會負責所有行政安排，連結外交部、航空公司贊助機票費；長庚醫院負擔醫療費用；基金會則在 Kevin 來台就醫期間負擔其生活費，以及生活、心理適應的照顧。

「那個時候蠻轟動的，從 Kevin 抵達台灣，到他完成手術、離開台灣，兩個月中，媒體的報導沒有停過。」陳昱瑞醫師說：「基金會出了很大的力氣，把社會的焦點集中在 Kevin 身上。人到了，還沒有開刀，先開一個記者會，說明我們的治療計畫。從開刀的第一天開始，記者持續來關心 Kevin 術後以及復原的狀況。經連續不斷地報導，在 Kevin 快要回國之前，陳水扁總統特地在總統府接待 Kevin 跟他的父母親，還有我們的團隊。」

　　陳昱瑞醫師表示，像這樣不斷地努力，追求最好的表現，可讓國內進一步認識長庚整形外科和羅慧夫顱顏基金會，並從每一次的機會中獲得宣傳效益及建立品牌。更重要的是，可讓國際間肯定長庚及基金會的成就。

　　「我們在國際上持續發表學術論文，內容常包括特別困難的治療成功案例，或是我們發展出來的服務或援助模式。等到在國際醫壇有了名氣，就有不少外國人到長庚擔任研究員，跟著我們學習。學了以後，覺得果然不錯，再回去替我們宣揚。」陳昱瑞醫師說：「除了論文看得到，還有來自國內外的醫師、病人替我們建立口碑，使我們被肯定。」

種子醫療人員培訓　給魚吃不如教他釣魚

　　除了自歐美先進國家慕名而來的研究員，長庚整形外科還吸引了其他國際人才，包括基金會與長庚顱顏海外義診團隊服務過的許多國家。提到海外義診，經驗最豐富的，莫過於羅綸洲醫師。「有些國家會派隊到開發中國家去幫忙，俗稱降落傘部隊（Parachute team）。這些降落傘部隊到了一個地方，手術做完就離開，只嘉惠到少部份病人，沒有留下對當地長期的影響。」羅綸洲醫師說：「我們要做的不一樣。例如找一些合適的外國人來長庚受訓，回去就可以幫助他們國家的患者。這涉

及到的層次比較深，並需要長期的耕耘。」

　　所謂層次比較深，指的是團隊合作的概念；而長期的耕耘，則代表人才的培訓，這便呼應了羅慧夫院長在 1996 年長庚 20 週年院慶發表演講時所說的：「一年插秧，十年樹木，百年樹人，萬年植愛。」只是接下來，基金會和長庚的同仁要把這樣的精神，再帶到台灣以外的地方。

　　由羅綸洲等醫師所帶領的義診團隊，不只動手術，還要把團隊的概念帶給當地醫院和醫師，告訴他們說，完整的唇腭裂治療與照顧，除了需要外科醫師，還需要矯正牙科醫師、語言治療師、麻醉科醫師、專科護理師、協調師等等配合。「這樣的團隊概念，是我們在長庚發展二、

▲1996年，羅慧夫院長（左三）主辦林口長庚整形外科成立20週年慶祝活動。

▲ 2006年，退休的羅慧夫院長回到林口長庚，於晨會結束後與研究員合照。左起西班牙 Susana Heredero Jung、泰國 Kachin Wattanawong、羅慧夫院長、新加坡 Ying-Chien Tan、美國 David Morris、泰國 Surawej Numhom、高雄長庚梁啟誠。

三十年的成果，也希望將這樣的經驗傳授給他們，提供當地病人最完整的照顧。」羅綸洲醫師說。

由於外科醫師常是開發中國家醫療團隊的領導者，基金會與長庚整形外科顱顏中心初期培訓的對象，是以當地的外科醫師為主，也就是所謂的種子醫師（seed doctor）。羅綸洲醫師說：「我們在開刀的同時，也希望尋找對唇腭裂手術有興趣、有天分的醫師，最重要的是要有愛心，能夠奉獻他們部分時間來治療唇腭裂。之所以說是部份時間，是因為在開發中國家，只做唇腭裂手術的待遇是不足的，所以不能期待他

▲ 透過羅慧夫院長的支持與協助，菲律賓於2003年成立
第一個顱顏中心，2006年新增菲律賓羅慧夫顱顏基金會
（NCFPI）。

們百分之百只做唇腭裂手術。」

　　羅綸洲醫師又說：「透過基金會的種子醫師培訓計畫，我們邀請這
些醫師到長庚受訓，時間長短不一，可能是三個月、六個月，或一年。
由基金會贊助生活費和機票費，長庚提供宿舍。當他們回國執業，實踐
他們在台灣所學後，基金會和長庚團隊也會追蹤他們的成效，並提供必
要的協助。」

　　雖然有著良善的出發點，以及後續的配套措施，還是需要面對各國
困難的執業環境。羅綸洲醫師表示：「菲律賓有很多人口，這代表也會
有很多的唇腭裂病人，但他們的治療水準落差非常大。其中整形外科醫

師大都不喜歡往唇腭裂手術發展，因為收入不足，而要去做美容。我們早期訓練菲律賓醫師遇到一些挫折，他們之中，有些受訓完成回國後，基於一些理由，就不做唇腭裂了。」

話鋒一轉，羅綸洲醫師說：「但現在有一些好的醫師，像伯尼醫師、葛蘭姐醫師（Dr. Mercedes Glendora de Villa），他們都很優秀，帶領著他們的團隊，堅持在做唇腭裂手術，而且團隊非常齊全，連羅慧夫顱顏基金會也在菲律賓成立分會，由台灣這邊指導他們做募款工作。」

羅慧夫與伯尼　催生菲律賓羅慧夫顱顏基金會

伯尼醫師說：「大概在 2003 年，透過朋友介紹，我認識了從事口腔外科的葛蘭姐醫師（在馬尼拉和平聖母醫院成立菲律賓第一個顱顏中心）。我們有共同的理念，都想在菲律賓建立一個顱顏中心。後來聽說台灣有人提供一筆獎學金，可以到長庚醫院接受顱顏外科訓練，我就申請了這筆經費，在 2004 到 2005 年間到長庚擔任研究員。」他接著說：「我在長庚認識了陳昱瑞、黃烱興、羅綸洲等醫師，並且跟著他們學習，但沒見過羅慧夫院長，因為他已經回美國定居了。」

「大概在我受訓到一半的時候，羅慧夫院長聽說我們在菲律賓剛建立顱顏中心，他就透過羅綸洲醫師跟我聯繫，說是等我回到菲律賓以後，他們想要來看看我們的中心。」伯尼繼續回憶：「2005 年我回

▲2009年，羅慧夫顧顏基金會連結外交部資源，支持菲律賓羅慧夫顧顏基金會，左二起為羅慧夫院長、葛蘭妲醫師、伯尼醫師。

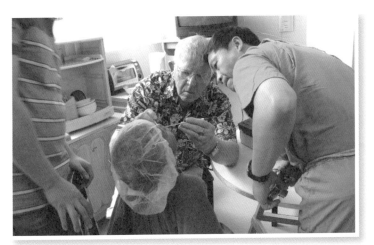

▲ 2009年，羅慧夫院長在菲律賓為顧顏殘缺的孩子義診，右為羅綸洲醫師。

到菲律賓沒有多久，他們就到設在馬尼拉南區帕拉納克（Parañaque）的顧顏中心，不只參觀，也在手術房裡協助我們，順便看我們怎麼做手術。這一趟以後，他們就決定跟我們建立長期的合作關係，持續協助我們。」

　　也許是因為先前指導菲律賓醫師受到挫折，也許是受到伯尼醫師等人的熱忱與堅持所吸引，在眾多走訪過的國家之中，羅慧夫院長對菲律賓的團隊特別重視。「那時候羅院長真的為菲律賓花了很多功夫。」羅綸洲醫師說：「他每年都親自飛一趟菲律賓，有時候我們也跟著去。後來菲律賓發展得不錯，是一個很好的團隊。」

　　伯尼醫師回憶，約從 2005 年開始，羅慧夫院長及長庚的團隊幾乎每年都造訪菲律賓。「有時候羅太太露西（白如雪）也會來。」伯尼笑著說：「羅院長就像我的父親，他待我也像他的小孩。連他太太都常常跟我說：『伯尼，我真的希望可以領養你。』」

　　2006 年時，羅慧夫院長致電伯尼醫師，希望菲律賓的團隊仿效長庚的模式，建立一個跨領域合作團隊，一個包含牙醫師、語言治療師、社工師等不同專業人員常駐的顧顏中心。伯尼醫師回答，如果要這麼做，最好建立一個基金會。「所以我開始研究，在菲律賓成立基金會需要什麼樣的條件。結果相關的規定中，第一條就是需要兩萬元美金。」

　　「我想辦法解決了其他問題，找了一間辦公室，還找了很多因為打

羽毛球認識的球友──醫師、語言治療師、牙醫等等來幫忙。甚至還找到律師朋友，願意義務幫我們準備成立基金會需要的文件。」伯尼說：「後來，羅慧夫院長打電話來關心我們的進度時，我告訴他，就缺這筆錢。他馬上說，『好，我寄給你。』」

這筆兩萬美元的成立基金，是由羅慧夫院長透過台灣的羅慧夫顱顏基金會，捐給菲律賓的基金會。「他這麼做，我真的非常驚訝，也很高興，同時感覺到背後的期待，也就是一定要把基金會建立起來，而我們也做到了。」伯尼說：「在基金會運作的頭三年，病患人數不斷成長，我們也意識到可能需要串連更多的資源，才能照顧越來越多的病患，並且給他們完整的照顧。」

伯尼醫師表示：「這時，有個美國的非營利醫療服務組織找上我們，說他們願意資助我們美金 5 萬元，條件是我們必須照他們的方法來做事。他們的做法跟羅慧夫院長不一樣，不是培訓當地團隊，而是走傳統的、一次性的義診方式。我當然不能馬上答應，立刻打越洋電話向羅慧夫院長尋求建議。」

再一次地，羅院長讓伯尼大感驚訝。「他跟我說，『等等，我會找更多的錢來給你。』接著我們就收到了美金 15 萬元。」回憶當時的情景，伯尼表示：「羅院長給的這筆錢，加上另外一個基金會資助我們的設備費，以及本來台灣的基金會捐助我們的成立基金，所有的資源都到

位了。我們於是成立了菲律賓第一個有全人照顧體系的顱顏中心，包括整形外科醫師、牙科醫師、小兒牙科醫師、語言治療師、社工、精神科醫師，都在我們的團隊裡，在同一個屋簷下為病人服務。」

繼承遺志　讓愛繼續擴散

「現在，每年我都會帶著我訓練的住院醫師，到長庚參加一年一度的長庚論壇（Chang Gung Forum）。」伯尼醫師說：「我回到菲律賓之後，從 2007 年進入醫院服務到現在，只遇過三個學生說他們對唇腭裂有興趣，跟著我學習。這三個人都到過長庚擔任研究員，也都受訓完成回來了。其中兩個加入我們基金會一起服務，另外一個回去他的家鄉，距離馬尼拉四個小時飛行航程的民答那峨。他是 2018 年 8 月回去的，正在家鄉組織團隊，準備成立基金會的當地分會。目前那邊還缺乏語言治療師跟矯正牙科醫師，我正試著幫助他。」

對於伯尼醫師來說，跟羅慧夫院長的相處，不免有幾個令人傷感的時刻。「羅院長就像我父親一樣，我也像許多為人子女的，以為父母會長命百歲。事實上，每一回他來到菲律賓，我們都會查覺他的身體機能持續在衰退。」每當分享這段往事時，伯尼總是無法一口氣說完。他停頓了一下，等情緒稍微平復，再繼續往下說：「每次他來菲律賓義診，

▲ 羅慧夫顱顏基金會的精神傳承不輟。2017年6月，
陳志豪醫師偕家人前往密西根，探視羅慧夫院長夫
婦（坐者右一、左一）。羅院長夫人看到衣服上的
Logo，向在場的孫子女介紹顱顏基金會成立的緣由。

都會幫我拉鉤，並且從旁指導。」

　　最後一次他進手術室想要協助我時，我們都注意到，他的手因為帕
金森氏症的影響，已經沒有辦法穩住。他笑笑地跟我說：「看來我已經
沒辦法幫忙你了，我還是在旁邊拍照做紀錄就好。」伯尼醫師說：「那

個當下，我真的非常難過。」

　　另一件難過的事情是，2018 年伯尼赴韓國參加國際學術會議，本來打算在會議結束後，飛往美國拜訪羅院長。沒想到在會議期間，收到院長過世的消息。現場不少醫師都曾直接、間接受惠於羅院長，會場裡自然是一片哀戚，這當中，就包括菲律賓的伯尼醫師。

　　但所有的人都知道，有一位做為菲律賓開創者的整形外科醫師，還有一個新興的顱顏基金會，正在菲律賓重複羅慧夫院長當年在台灣做過的事。人數也許還不是很多，但這群積極的人，正在把一顆顆種子撒向菲律賓每一座有需要的島嶼。

註：
①、②資料均引自財團法人羅慧夫顱顏基金會官網：《認識基金會，發展與沿革》。

愛無國界

愛，薪火相傳
——羅慧夫精神永不息

「投入唇腭裂國際義診，培訓當地的醫療人才，就是給他魚吃，也教他釣魚。」在羅慧夫院長相關行誼中，大致有這樣的記述。

羅慧夫醫師當年搭乘貨船來到應許之地——台灣，立志在陌生的海島打造一座榮耀上帝的聖堂。40 年來，他在島上不停堆砌著，一磚一瓦，汗水淋漓，蓋起整形外科這座雄偉的大殿堂。後來他所帶領的長庚唇腭裂治療團隊，靠著不斷修正和學習，發展出純熟技術和完整的治療架構，達到世界級地位。當治療方法（Protocol）逐漸成熟後，羅慧夫院長思考如何讓台灣的成功經驗發揮更大影響力，去協助周遭醫療資源不足的國家。

回溯海外義診團的推動初期，羅慧夫院長把開發中國家的外科醫師找來訓練，成為手術領導者；也將當地牙科、語言老師、麻醉科醫師組隊重新訓練，包括教他們做安全麻醉；牙科醫師須對患者從出生到成年整體照顧；語言老師還需要診斷工具，例如一套鼻咽鏡，雖然昂貴卻是必要的設備，便由羅慧夫顱顏基金會協助找資源，送給這些開發中國家的醫院。對於推動海外義診，長庚顱顏中心的義診團隊跟羅慧夫顱顏基金會就像兄弟，緊密結合。

強大支援 完整治療

　　1998 年，羅慧夫院長率領長庚醫院唇腭裂團隊與羅慧夫顱顏基金
會合組「用愛彌補」義診團，踏上越南胡志明市，執行第一次國際唇腭
裂治療任務（International Cleft Missions）。

▲1998年，羅慧夫院長（中）為越南小病患義診，左為洪凱風醫師，後為美
國籍研究醫師 Alex Kane。

　　林口長庚外科部前部長羅綸洲醫師回憶當年剛開始進行海外義診
時，「最初大家不太清楚要做什麼，就採志願報名。早期的義診除了自
己出機票錢，還要犧牲年假，跟著羅慧夫院長出國，每次大概要五到七

天不等,團隊包括兩到三個外科醫師、麻醉科醫師、護理師。」羅綸洲醫師表示,剛開始都是臨時招兵買馬,東拉西湊找尋人力,後來得到醫院的支持,開始有了義診假,於是在一年28天年假之外,又多了14天。兩年後有了經驗,做出效果,便有愈來愈多的年輕同事加入學習,搶著報名。「有機會出去看看,才會覺得台灣的醫療環境很好。」

羅慧夫院長退休離開台灣之後,他的三位得意弟子續其精神,每年分赴三國進行海外義診。陳國鼎醫師說:「越南剛開始是洪凱風醫師去,柬埔寨是羅綸洲醫師去,我是去菲律賓。後來中國大陸來學習的醫師越來越多,像青島跟汕頭都是羅綸洲醫師去,我就去深圳、太原跟西安。」隨著人事遷移,現在的海外義診幾乎都由羅綸洲醫師帶領,提攜後進,一年出去三、四次。長庚顱顏中心的賴瑞斌、盧亭辰、張呈欣、周邦昀醫師陸續跟著去學習,而這一切彷彿都是按照羅慧夫院長當年寫好的劇本演出,讓國內醫師一棒接一棒傳承下去。

羅綸洲醫師提起,當年隨羅慧夫老師同到海外義診時,發現在很多國家動唇腭裂手術並不賺錢,特別是貧窮地區,醫師很難靠這項專科維持生計。每年義診團都會去固定的醫院,除了建立良好的關係,也持續關懷當地的外科醫師,以鼓勵他們看到希望,堅持下去。

陳國鼎醫師提到,當時,只要是接受羅慧夫基金會補助,到長庚

顧顏中心受訓的海外醫護人員，返回母國後，他們每做一次唇腭裂治療手術，除了羅慧夫基金會提供支持，基金會也串聯國際慈善機構微笑列車（The Smile Train）補助手術費，以維持這些外科醫師及相關醫護人員的收入水準。就像當年羅慧夫老師以他美國人的身分，盡力把全世界最先進的醫療技術引進台灣，發展唇腭裂治療，並且把人才送到先進國家去學習一樣。當這些人才學成返國，唇腭裂治療技術在我國就更上層樓。

海外義診需要的不只是愛心，更需要整合許多相關團隊和資源，才能持續長久。1999 年在柬埔寨義診時，有一天來了一位美國的骨科醫師，一見到羅慧夫院長就說：「我們也要來幫助這些病人，你的唇腭裂手術開得不錯，可不可以教我？」羅院長卻搖搖頭說：「不行，治療唇腭裂不是幾天就可以學好的，你不要做唇腭裂，去做你的骨科專業就好了。義診不是讓醫師展現手術技法或優越感，如果空有善心，卻沒有把唇腭裂補好，留下併發症、或是傷口裂開來，反而會害了病人。」

除了深入當地的義診團隊，還要有強大後送支援能力，才能完整進行全人治療。長庚顧顏中心的義診團常常遇到一些發生後遺症的病人，由於之前開刀技術不到位，導致傷口在術後裂開。曾經有一位印尼患者，開了三次刀都開不好。後來，來自加州的醫療團告訴他：「你必

須到台灣長庚醫院，只有他們可以幫你。」後來患者輾轉被送到長庚開
刀，終於處理好。

越南也有一個腭裂開刀失敗的個案，導致患者整個人中組織都壞
死，破了一個大洞，只能用顯微手術來重建，後來送到德國治療，為此，
羅綸洲醫師特地飛到德國去關心，把病人的腭裂修補得很漂亮。

歷盡艱難　百鍊成鋼

長庚顱顏中心的海外義診團歷盡艱難，例如 1999 年，由羅慧夫院
長率領首次踏上柬埔寨時，因為天氣太熱，大家忍不住嘴饞，喝了冰水
飲料，造成醫護人員嚴重上吐下瀉。還好攜有止瀉藥，服藥後大家勉強
打起精神上工，後來團隊出國就知道如何避免這些困擾。

有一年羅綸洲醫師去緬甸義診，因為電力不穩，手術房不時停電，
當地軍人似乎習以為常，吊起手電筒讓義診團完成開刀。此外，對病
患麻醉方面，長庚平常用的都是最先進的麻醉機器，一旦到國外義診，
根本無法期待當地會有同等級的設備，只能做簡單麻醉，但又不能讓病
人承擔過度的風險，這時麻醉科醫師就要十項全能，把十八般武藝派上
場，新舊型麻醉機器都要會操作，甚至手術中還要幫忙處理麻醉廢氣，
想辦法接到窗外。

麻醉科醫師通常都看儀表數據下藥，但如果數據顯示和麻醉程度出現不一致，或螢幕根本沒有數字，麻醉科醫師就要發揮嗅覺能力，如果聞味道時發現沒有麻藥了，就再補藥。還有一次更誇張，就是手術台無法固定，醫護人員一靠上去，table（手術台）就滑開了，於是一邊開刀，一邊還得安排人員隨時把 table 拉回來，以便繼續手術。義診團對開發中國家的設備和機器，常需重新適應，開刀又不能開得更差，這就要有真本事和高超技術，還要靠長年經驗累積和訓練。

每次義診都會遇到一些安全、政治或是器材的問題，考驗大家隨機應變的能力。林麗虹護理長最早應洪凱風醫師之邀去支援瓜地馬拉義診，因為需要過境美國，同行的 Emily 和貴惠護理師早就拿到簽證，只有她被拒發，羅慧夫院長得知後馬上寫了一封信給美國在台協會背書，才讓她順利成行。

還有手術儀器或材料常常一到機場就被海關扣留，此時就要趕快找外交部或當地官員幫忙疏通，把被扣留的醫材領回來。這些器材都是經過很多人畫押，才跟長庚醫院借出來的，到了國外卻提心吊膽，擔心帶不回來，後來羅慧夫顱顏基金會索性購買整套簡易器材，專門支援義診。

有些開發中國家甚至會懷疑義診團帶十幾包新的縫線和紗布，是不

是要拿去黑市販售，即使附上當地醫院的說明文件，海關還是會存疑。
於是海外義診團隊突發奇想，把縫線打散，放在各自行李箱裡，減少不
必要的麻煩。習慣了這些挑戰的義診團，現在已淬鍊為百鍊成鋼的隊
伍。

治好孩子　讓他長大後影響更多人

鄒媛敏護理師曾跟隨羅慧夫院長學習開刀房的工作，更是院長的頭
號粉絲：「羅慧夫院長一直是我的偶像，只要看到報章雜誌有相關他的
報導，任何一篇我都不會放過。」由於認同羅慧夫院長的理念，所以她
一路跟到國外，這一跟就是十幾個年頭，每次她跟羅院長出國義診，鄒
媽媽不只不擔心，還會叮嚀女兒要好好照顧院長。

到海外偏鄉義診，有時候羅慧夫院長也會捐錢幫助貧困家庭。有一
年在菲律賓時，一對衣衫襤褸的父子求醫，瘦得皮包骨的小男孩害怕地
躲在父親身後，羅慧夫院長看了相當不捨，除了幫孩子看病，還留給他
們一筆錢支付日後的醫藥費。第二年回到菲律賓，卻沒看到這對父子，
羅院長著急地派人打聽，才知道小男孩為了改善家計，放棄學業，跑去
當童工。羅院長急忙請人把他父親找來，再給一筆錢，並說：「這些錢
讓你養家，但以後不可以耽誤孩子，必須讓他回到學校讀書。」

▲1999年，海外義診團去柬埔寨義診，假日時遊覽吳哥窟，羅慧夫院長與鄒媛敏護理師合影。

　　在各個國度裡，抱著小孩前來候診的父母，總是排成一列長長的隊伍。無論多複雜的手術，羅慧夫院長總是盡力幫忙。但開刀後，部分窮苦家庭的孩子仍需要協助，羅院長就認養這群孩子，即使不是自己的病患，他也會伸出援手。

　　就像羅慧夫院長的名言：「你從來沒有辦法想像，對一個孩子做手術治療可以影響那麼大，如果開刀開得好，治好一個孩子，讓他長大成為一個全人，就可以影響更多的人。」這是他常常勉勵學生的話，自己更是親身奉行。

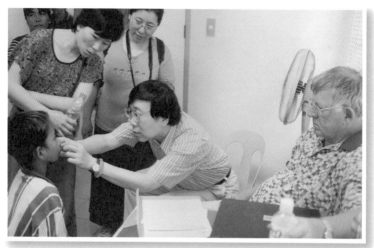

▲ 2001年，長庚整形外科義診團至菲律賓義診，前排中為陳國鼎醫師，右為羅慧夫院長，後排左為黃慧芬醫師、右為鄒媛敏護理師。

▲ 2009年，義診團抵菲律賓，與當地醫檢人員合影留影，左三是羅慧夫院長，右一為菲律賓伯尼醫師。

開枝散葉　美德蔭人

　　一天下午義診完，有個小孩好奇的一直跟在阿兜仔醫師旁邊，羅慧夫院長於是興致大發，搬了一把椅子坐在庭院，和小朋友玩了好一陣子。不久，有一位中年男子帶著一個兩個鼻子的小男孩來找他，羅院長仔細端詳孩子的臉，立刻將電腦斷層底片掛在看片箱上，與醫療團隊討論病情。這就是羅慧夫院長推廣義診的目的，除了醫治窮人，更要教當地醫師治療技術，讓他們有能力照顧自己國家的病患。

　　1998 年到柬埔寨時，發現柬埔寨尚無治療唇腭裂的概念，就開始訓練當地外科醫師做唇腭裂手術，持續到現在。

　　欲傳承台灣的成功經驗，最大的挑戰是如何培育人才。去柬埔寨進行唇腭裂義診後，對方醫院開始派醫療人員來台灣受訓，護士二個月、醫師六個月到一年，由長庚醫院提供宿舍。來台受訓期間，雖然語言不通，經由長庚同仁日常陪伴，休假時還一起出去玩、一起吃飯，拉近距離，藉由關懷維持良好關係。受訓期間，基金會也補助生活費，而且超過當地的薪資，這樣才會使培訓種子安心在台灣受訓。後來聽聞當年來台受訓的一位護理長得了婦科癌症，義診團隊去義診時，還特地去關懷探訪她。

▲2011年，羅慧夫院長（左二）率長庚整形外科義診團至蒙古義診，中為羅綸洲醫師。

▲2011年，羅慧夫院長夫婦（前中及左）率長庚整形外科義診團至蒙古義診，於蒙古包前合影，後左四起為羅綸洲醫師夫人、羅慧夫顱顏基金會王金英前執行長。

　　義診團隊有時還會將長庚淘汰但仍堪用的醫療器材搬去支援當地，才把唇腭裂的治療順利推動。受到協助的各國醫院也會派人來台，持續學習，或由長庚團隊直接飛過去協助，進行後續追蹤，看看有什麼需要改進的地方。如今柬埔寨和菲律賓顱顏中心的麻醉醫師、護理師、語言治療師、協調師，都是台灣經驗的複製。

　　另一個發展得很不錯的就是蒙古，蒙古本來就有做唇腭裂治療，只是做得較為鬆散。長庚團隊從入門的唇裂修補、植骨開始教起，接著是進階的語言診斷跟唇鼻的整形技術，讓病患長大後把唇鼻修補得漂亮一點，最後才是正顎手術的指導。唇腭裂的治療程序相當繁複，不可能一口氣到位，需要不停合作和長期訓練。即使長庚團隊協助蒙古治療唇腭裂超過十年，每年都還要去一趟，因為每次去都會發現還可以讓他們再進步。

　　蒙古的醫院也虛心學習，會主動提出困難個案一起討論，一同挑戰、治療。待義診團協助當地建立團隊後，第一個成形的團隊就成了種子部隊，再擴散到蒙古較為偏遠的區域做唇腭裂義診，遇到嚴重的病人還會帶回首都烏蘭巴托治療。蒙古團隊進步相當快，把台灣經驗搬過去，包括手術流程、方法、精神，整套複製長庚模式，學習得相當透澈。蒙古團隊也有很好的向心力，甚至可以幫助訓練當地的醫師。

　　當年羅慧夫院長透過唇腭裂海外義診，把長庚整形外科的系統推廣到開發中國家，這套系統是一個全人照顧的醫療模式，除了醫師，還包含護理師、社工、復健和門診服務，再加上基金會贊助配合，來台學習的人再把長庚經驗帶回母國，慢慢擴展開來，影響所及，甚至改變當地的醫療環境。

與神同行　光照天下

　　從事醫療工作，羅慧夫院長一直以宗教來鞏固他的信心，成為他為人處事的根基。雖然他小時候成績平庸，但後來在軍醫院擔任開刀房護理佐實習兩年，退伍後在醫院打工，準備醫學院考試，最終讓他考上並畢業於愛荷華州立大學醫學院。有一天，經由教會，他收到一封來自台灣馬偕醫院院長徵求宣教士的信，而於 1959 年 9 月 28 日踏上這陌生的東方小島，這一待就是人生大半輩子。

　　2013 年回到長庚最後一次公開演講時，羅慧夫院長大致提到：「我的人生很奇妙，在一個非常偶然的機會中來到台灣，偶然地讓我創造了台灣整形外科的光輝時期，退休前又接到上帝指派任務，讓我把一生的經驗透過國際義診去幫助更多需要的病人，讓愛走到更遠的地方。」

　　當年羅慧夫院長的美式作風，不對病人端架子的互動方式，顛覆了

許多人對醫師的刻板印象，他一路直率改革傳統醫院文化，把創新管理方式帶進台灣醫界，卻在健康上跌了一跤。1981 年，他被告知罹患「肌萎縮性脊髓側索硬化症（amyotrophic lateral sclerosis）」，又稱路格瑞氏症（Lou Gehrig's disease），幸好一年後神蹟般的恢復。大病之後的羅慧夫院長，快速把長庚整形外科與顱顏中心帶上國際舞台，無論是在教學或研究上，都開啟我國在國際醫療史上最亮眼的一頁。

白袍 40 年，時間的重量就像檔案室一本本的病歷，也像無數張手術台的棉球和縫線總和，堆疊起來，恰好就是成功經驗的重量。退休後的羅慧夫院長有寬廣的視野、蘊積的智慧、堅毅的決心，在能力所及的範圍內，把餘生貢獻給更多的人群，開啟了 1998 年經由越南台商牽線，再由基金會組織的「用愛彌補」義診，以精湛醫療技術去幫助國外貧困的顱顏患者。

為了推動海外義診，基金會幫忙提供團員機票和食宿，麗虹護理長訴說當年如何克難地張羅海外義診物資：「初期資源太少，我就寫簽呈去跟長庚院方商借醫材設備，但也都要羅慧夫院長保證會完整歸還。其他像是刀片、縫線、紗布，我跟基金會說你們不用給我錢，我來想辦法。廠商一聽是義診，也願意給我長庚價。」

長庚國際義診遍及越南、柬埔寨、菲律賓、緬甸、寮國、多明尼加、

愛，薪火相傳
——羅慧夫精神永不息

印尼、尼泊爾、巴基斯坦、中國大陸及蒙古，共 11 個國家地區；至今免費為近兩千貧窮病人動手術，並接受來自 23 個國家的唇腭裂治療團隊種子醫療人員，申請來台完成訓練，已培訓了 178 位當地醫療人員，輔導成立海外顱顏中心團隊，將顱顏照護的模式複製到有需要的地方。這群種子團隊回國後，朝向建立顱顏中心為目標，澈底實踐「由種子培訓種子」、「以當地人治療當地人」的理念，肩負起自行照顧母國病患的任務。

　　是什麼樣的動力，驅使著羅慧夫院長退休後願意長途跋涉，進一步投入海外的窮鄉僻壤做義診？那應該就是上帝灌注在他身上的滿腔熱忱。回憶這段篳路藍縷的往事，額頭滴下的汗水早已成為甘霖。羅慧夫院長的人生在 2018 年底畫下圓滿的句點，但義診團仍由他的弟子醫師及基金會傳承著，帶領更年輕的醫護團隊開疆闢土，花開遍地。

十、

第二代弟子的感動與傳承

愛，薪火相傳
——羅慧夫精神永不息

在整形外科領域裡，畢生鑽研唇腭裂治療的羅慧夫院長，也許不算是全才，而且在他領導和培育的徒子徒孫中，很多可能都在他奠定的基礎上，已超越了他的全盛時期，讓醫療技術更接近完美。但羅慧夫院長擁有無可取代的地位，原因在於他畢生的服務、貢獻及提攜後進，更重要的是，在名為「愛」的大傘之下，受到羅慧夫精神感召的長庚整形外科團隊，都以最嚴格的標準砥礪自己，並且願意相聚在大傘下，共同撐起這座殿堂，將最好的照顧與治療，優先帶給最需要的病人。

在羅慧夫院長安息主懷的此刻，這一切可以維持到什麼時候，是羅慧夫的子女，以及曾經直接受教於他的學生們念茲在茲的大哉問。他的第二代弟子如今則已扛起大旗，努力向前，讓羅慧夫精神永流傳。

陳志豪醫師 新世代的凝聚與再傳承

當飛機降落在大急流城，陳志豪醫師踏出機艙的時候，他雖然和多數旅客一樣紅著眼睛、睡眼惺忪，精神卻相當亢奮。這樣的亢奮，來自於一份期待。而這份期待，套用在每一個正要去拜訪偶像羅慧夫院長的人身上，大概都是相通的。而對於一位來自台灣長庚醫院整形外科的醫師來說，科系創辦人羅慧夫院長就是這樣令人期待，雖然無法長時間跟他面對面學習，但是所擁有的知識、技能跟機遇，追索其源頭，全都跟

「羅慧夫」三個字有關。

「我對羅慧夫院長最早的印象，來自於我的原生家庭。」陳志豪醫師說：「長期以來，我的父母一直都有個習慣，就是會定期小額捐款給他們所認同的基金會，像是家扶基金會、世界展望會、羅慧夫顱顏基金會等等，所以等於在中學時代，我就知道羅院長和一些他的事蹟。當我從醫學院畢業，選擇到長庚醫院，再選擇整形外科，可以說都是受到羅慧夫院長的影響。但是直到我擔任住院醫師的後三年，也就是在整形外科輪訓的時候，才產生更深刻的感受。」

時序推移到 2003、2004 年，也就是陳志豪醫師進入長庚整形外科輪訓之後，每次只要羅慧夫院長回台，他都會把握機會去聽羅院長的演講。「早期他還有演講，後來因為年事較長，他只出席科系舉辦的學術活動。」陳志豪醫師說：「我們把握每一次這樣的機會，盡量跟羅院長有一些短暫的交談互動。雖然時間有限，但可以從他身上感受到一種很難用言語簡單描述的長者風範。正因為這樣的風範，讓我從住院醫師時期，就想要進一步了解羅院長的事蹟，感受他的精神。」

事實上，在後續進入長庚整形外科受訓的學弟妹眼中，除了早年曾直接受教於羅慧夫院長的師長們，科系內推廣「羅慧夫精神」最不遺餘力的，正是陳志豪。「這有點像拼圖，我們把從很多老師、還有祕書

們口中得知的片段，試著拼湊起來，但仍然覺得好像還少了點什麼。」
陳志豪醫師說：「羅慧夫院長最後一次回台，是 2013 年的事。那個時
候我們就知道，以後想再見到羅院長，只能飛去美國，否則就沒有機會
了。也是從這個時候開始，我萌生一個想法：一定要去美國進修，並且
趁進修期間拜訪羅院長。我想，如果能直接跟羅院長有深入的交談，也
許就能把最後的拼圖拼起來。」

　　2017 年上半年，把握在美國進修的最後一段日子、並趕在羅慧夫
醫師生日之前，陳志豪醫師帶著太太、小孩，從位於西岸的加州史丹佛
大學，搭乘夜晚飛行的紅眼航班，抵達位於東岸的密西根大急流城。步
出機場後，羅慧夫的長女 Nancy（南西）已在外頭等待，驅車載他們前
往羅慧夫居住的安養院。

　　「那時候，羅慧夫院長的健康跟精神還不錯，一見面就是一個很
熱情的擁抱。難以言喻的是，以前覺得好像很遙不可及的一個人，於
飛越了半個地球到達美國大急流城，終於來到他面前時，起初我還覺
得有點不太真實。」陳志豪醫師回憶：「讓我驚訝的是，羅院長桌上
就擺著當期最新的《整形與重建外科雜誌》（Plastic & Reconstructive
Surgery）。有關唇腭裂治療的那幾篇文章，羅院長還摺頁做記號。這
讓我深刻的感受到，即便羅院長已經退休、也有相當年紀了，但他對顱

顏、對唇腭裂這個領域的最新發展，還是保持一貫的求知慾。」

其實在陳志豪醫師之前，就有一些長庚整形外科的學弟妹，曾經到

▲ 2017年，陳志豪醫師（中）赴密西根州大急流城，拜訪羅院長夫婦。

過大急流城拜訪羅慧夫院長。「所以我知道，每個趁著在美國、加拿大
進修時，去拜訪羅院長的人，都要預先準備簡報，來跟院長報告自己來
這邊學了什麼，所以我也有準備。」陳志豪醫師說：「我在長庚的專長
是顱顏外傷，到史丹佛學的則是組織工程學，這是屬於基礎醫學方面的
研究。羅院長對我學的東西很好奇，簡報過程中，院長非常專注，也不
時提出問題。等我報告完畢，院長關心的還是：『將來回到長庚，你要

愛，薪火相傳
—— 羅慧夫精神永不息

怎麼把自己的所學，再貢獻到科裡、傳承給更多的人？』當時我回答：
『追求卓越、樂於分享，不會只成就自己一個人。』我想，這樣的理念，
也許就是羅院長一以貫之的精神。」

「這不是我唯一一次拜訪羅慧夫院長，可是在這一趟的最後，我受
到的感動最深刻。」分享至此，一向予人沉著冷靜印象的陳志豪醫師忽
然沉默不語，微微低頭。再抬起頭時，陳醫師微微濕潤泛紅的雙眼，卻
顯得堅定而專注。他說：「臨走前，羅院長對我勉勵了幾句話，我有把
它錄影下來。這段影片，我偶爾會看，也會分享給學弟妹們，希望讓更
多人了解，我們很願意繼承我們所感受到的『羅慧夫院長的精神』，也
希望可以傳遞給後面進來的醫師。」

張乃仁醫師 網路時代的點子王

羅慧夫院長於 2018 年 12 月永息主懷後，台灣方面至少辦了兩場
公開的追思會。一是 2019 年 1 月 4 日的長庚醫院「羅慧夫醫師逝世追
思會」，二是 1 月 6 日，中山基督教長老教會的追思會。在長庚的追
思會上的幾張海報，至今仍然張貼在長庚桃園分院顱顏中心。其中一張
標題為「We Are Family」的海報，滿是羅慧夫醫師跟台灣親朋好友的
合影。位居海報中間偏右、以羅慧夫個人照為圓心，輻散而出的一圈照

片，多是親近的女同仁的親吻臉頰、或作勢親吻羅慧夫臉頰的照片。唯一的例外，是一位年輕的男性醫師親吻羅慧夫。相較於其他，這張照片上的羅慧夫，表情顯得比較微妙。

有關這件事，張乃仁醫師推一下他的眼鏡，笑說：「那一次是Nancy 姐（長庚顱顏中心前祕書甄秀蘭）叫我親的。我還遲疑了一下，

▲2013年，羅慧夫院長最後一趟回到台灣，第二代男弟子張乃仁醫師（左）在甄秀蘭祕書的鼓勵下，留下一幀親吻羅慧夫臉頰的照片，照片上羅院長的表情很微妙。

想說真的可以嗎？後來發現好像沒人反對，我就親下去了。結果有一陣子，只要有機會，大家就會慫恿我去親那些老師，然後拍下來，貼到網

愛，薪火相傳
——羅慧夫精神永不息

路上。魏福全院士，還有我的老師莊垂慶醫師，他們都被我親過。像莊老師就不太樂意，那一次親完拍完照，我就趕快逃走。但效果是不錯啦，會讓大家看到說，平時這些很嚴肅的師長，也有平易近人的一面。」

提起對羅慧夫院長的第一印象，張乃仁醫師記得非常清楚，是在1999年，他就讀大二的那一年。「當時可能因為羅慧夫院長就要退休返美了，很多學校都邀請他到校園演講，那是我第一次見到羅院長。」張乃仁醫師說：「印象很深刻的是，羅院長很自然地交互使用英文、台語，介紹他在台灣這四十年，如何在馬偕跟長庚推動一些事情。到了大四、大五，又因為別的原因，進一步加深我對長庚整形外科的印象。」

當時還是醫學生的張乃仁醫師，藉著學校邀請外聘老師到校授課的機會，曾經接觸過林志鴻、羅綸洲、陳國鼎醫師等三位來自長庚的老師。「那時只知道自己對外科比較有興趣，等到聽過這三位老師的講課，就覺得在外科不同的專業裡面，整形外科好像蠻有趣的，像唇顎裂，怎麼有辦法把皮瓣轉來轉去，就可以把缺口補起來；然後居然還有以長庚為名的術式，當時就覺得很不可思議。」張乃仁醫師回憶。

「另外一件不可思議的是，大四升大五那年暑假，我到瑞典去當交換學生。很多科的醫師連台灣在哪裡都搞不清楚，但去到整形外科的時候，裡頭的老師隨口就能說出魏福全院士、莊垂慶醫師、陳宏基醫師的

名字。這幾個因素加起來，令我對長庚整形外科的印象就是，『台灣竟然有一個科別，這麼國際化、這麼讓人肯定。』」張乃仁醫師說：「到了大六，也就是 2003 年，我就申請到長庚整形外科見習，接著就一路待到現在。」

　　由於年代的差距，張乃仁醫師同樣沒有機會受教於羅慧夫院長。比較靠近的一次是 2013 年，羅院長最後一趟回到台灣，適逢莊垂慶醫師 65 歲生日前。張乃仁醫師為了請羅院長錄一段「祝福莊垂慶教授生日」的話，來到圓山飯店，才在甄秀蘭祕書的鼓勵下，留下一幀親吻羅院長臉頰的照片。之後，則是趁著他赴加拿大多倫多兒童醫院進修期間，與姚全豐、盧亭辰醫師夫婦一起前往大急流城拜訪羅慧夫院長。

張乃仁醫師對此有如下的記述：

　　這趟尋根之旅從多倫多駕車出發，經過六個小時的車程，穿過美加邊界，終於在傍晚時抵達大急流城。羅爺爺家中的擺設很簡單且整齊，還有很多來自台灣的記憶，包括很有中國風的大花瓶、書法作品集，還有仍在使用的大同瓷器餐具組。羅夫人露西（Lucy）也穿著剪裁合適的旗袍，英語、台語交雜地

出來迎接我們，讓我們好像進入時光隧道一般。

羅爺爺在房間裡靜靜的等著，他早有準備，為來訪的我們的小孩準備了小禮物，雖然初次見面，也都很慈祥的摸摸他們的頭，試著跟他們互動。共進晚餐後，羅爺爺也關心我們分別發展的狀況，要我們拿出電腦向他報告。

羅爺爺和我們握著手，斷斷續續地談著，三不五時還會介紹一下他房間的擺設，或是分享一些小故事。終於到了要離開的時候，其實這個時候是很痛苦的，而羅爺爺似乎也有感受到，握著我們的手又更緊了，直到真正道別的那刻，我們互相擁抱，眼眶都濕濕的，這一別，可能就是永遠。羅爺爺頭低低的，轉過去不再說話了，Lucy帶著我們出來，送我們到走廊，也是互相依依不捨，直到終於消失在門後。

看似完成任務了，但是大家的心裡都很沈重，離開的路上，大家都沒說話，在冷冽的密西根初冬中，大口吸入冷風，確認這一切的真實性，並且永遠記住這一刻。

　　張乃仁醫師的專長是顯微重建外科，在專業上跟羅慧夫院長難有交集，但對於這位德高望重的前輩，張乃仁醫師仍是試著用自己的方法實踐「羅慧夫精神」，他說：「我覺得羅院長的精神是我們整形外科系的特色，羅院長和他的第一代弟子，也就是我們老師的故事，應該要讓我們及往後的醫師知道，這些故事的發生，還有我們如今享有的一切資源跟環境，並不是那麼容易得來的。」

　　張乃仁醫師表示：「每個次專科的特性不一樣，外部條件也在變遷，我們不一定能做出羅院長時代同樣的事。但是像海外義診，長庚顱顏中心可以繼續到當地培訓種子團隊，我們顯微手術則可以透過網路平台，把知識分享給全世界的顯微外科醫師。現在我們雖然沒辦法不收看病費，但我會透過通訊軟體的群組，盡速回覆病人的問題。做法雖然不同，對於羅慧夫院長的精神，我想是可以透過這樣的方式，把它延續下去的。」

盧亭辰醫師 承接長庚顱顏中心品牌

　　2016 年 11 月，盧亭辰醫師跟夫婿姚全豐醫師、同事張乃仁醫師一同從加拿大多倫多驅車到密西根大急流城，這數小時的車程當中，盧亭辰醫師是非常緊張的。「我們從以前就想要到密西根拜訪羅慧夫院

長。」盧亭辰醫師說：「因為我學顱顏外科，等於是同一個系統下來的，所以一直很擔心羅院長覺得我不夠格。我一直想知道，如果由羅院長指導我開刀，會是什麼樣的情境？會叫我把線拆掉重縫嗎？會滿意我的手術結果嗎？」

事實上，羅慧夫院長並沒有覺得盧亭辰醫師不夠格。甚至當盧醫師談及初到加拿大進修遇到的挫折時，羅院長還鼓勵她：「你要相信你自己做得很好。」

▲2016年11月，張乃仁醫師（左）等赴美國探望羅爺爺，向老人家報告顯微手術及周邊神經重建之經驗，以及在多倫多兒童醫院的學習狀況。中為盧亭辰醫師。

▲ 2016年11月，姚全豐醫師（右）等赴美國探望羅爺爺，向老人家報告正顎手術及顱顏重建之經驗。

▲ 2016年11月，盧亭辰醫師（左）等赴美國探望羅爺爺，向老人家報告唇腭裂手術及顱顏重建之經驗，以及在多倫多兒童醫院的學習狀況。

「我還記得，羅院長聽完我在多倫多病童醫院學習顧縫早閉跟唇腭裂手術，又知道我是他第二代的學生，就很認真地問了我三個問題。分別是：妳喜歡妳的工作嗎？為什麼妳喜歡妳的工作？如果病人沒有錢，妳也願意為他們手術嗎？」盧亭辰醫師盡力回想：「我只記得當時很緊張，可能沒有回答得很好。那時候我的唇裂病人並不多，從平板電腦上能秀給羅院長看的照片很少，但是他一張一張看得非常仔細。離開前跟我說：『下次來的時候，要早點準備你動手術的照片，早一點給我看。』」

為了羅院長這句話，加上 2017 年夏天，陳國鼎醫師離開長庚顱顏中心，盧亭辰醫師接下唇腭裂手術的重擔，中心內除了老師輩羅綸洲醫師的醫療外，大多數工作都落到甫自加拿大返台的她手上。接下來近一年的時間，盧亭辰醫師累積了一定數量的唇裂修補手術照片。2018 年 4 月，藉著開會之便，她隨著羅綸洲醫師再度前往大急流城拜訪羅慧夫院長。這一趟的短暫停留，盧醫師多是陪在一旁，把絕大多數的交談時間，都留給了羅慧夫、羅綸洲師徒。

「這一趟我其實準備了照片，但是羅院長一直沒提起，我還以為我閃過了。」盧亭辰醫師笑著說。接著，她收斂笑容：「讓我訝異的是，雖然羅院長的健康狀態已經不太好，他還清楚記得這件事。等到我們要離開的時候，他跟我說：『明年你來的時候，要帶唇裂修補手術的照片

給我看。」所以，這趟回來以後，我不斷地照相、不斷地反省，改良手術結果，也積極督促病人的家長做好術後照顧。希望在 2019 年拜訪羅院長的時候，給他看到我最好的表現。但是又不能只挑做得最好的個案給他看，所以說，每一個病人，我都要做到最好。」

「沒想到，再也沒有機會了。」2019 年 1 月 6 日，在一篇名為〈羅慧夫醫師追思會有感之二　有關羅慧夫精神〉的網誌文章上，盧亭辰醫師寫下這麼一句話。

哲人日已遠，並不代表後繼者的腳步就要停格。對於希望能與同仁們一起承接長庚顱顏中心品牌的盧亭辰醫師，更是如此。「主委陳昱瑞醫師說過，以國外的經驗來看，一位從事顱顏外科的醫師，大約可以執業 30 年。由於病人沒有那麼多，一個顱顏中心通常就是由少數幾位醫師主持，其他受過相關訓練的醫師，可能就開業去了。30 年過去，後面沒有人接手，這個中心可能就倒了。」盧亭辰醫師正色以對：「從 1987 年到現在，長庚顱顏中心早就超過 30 年了，許多受教於羅慧夫院長的老師們也陸續到了退休的年紀。雖然我們還有一定的醫療數量，也有不少醫師在執業，不至於一下子突然倒掉，但還是要有這樣的危機意識。」

「所以我一直在想，我們這一輩的顱顏外科醫師要做什麼？有沒有辦法不要只是重複老師們做過的事，而且可以做得更好？」在一連串的

自我詰問當中，可以感受到，雖然盧亭辰醫師還沒有很確切的解答，尋求答案的心念卻無比堅定，她說：「維持本身是一件很困難的事，但我們不能只是停在這裡。以前做得還不夠完美的，我們要做到更好。」

周邦昀醫師 時時銘記羅慧夫精神

受訪醫師群中最年輕的周邦昀醫師回憶：「1999 年我就讀長庚大學醫學系的時候，羅慧夫院長好像還在台灣。我們學校裡一個服務性社團有跟羅慧夫顱顏基金會合作。這些零碎的資訊，是我對羅院長的第一印象。後來到長庚醫院實習，再到整形外科接受住院醫師輪訓，對羅慧夫院長的認識，才一步步加深。」

周醫師談到，自從在整形外科擔任住院醫師，他開始讀跟科系有關的歷史，並且從師長身上得到一些資訊，羅院長在他心目中的形象才漸漸完整。「另外要提的是陳志豪醫師，他非常推崇、也極力推廣『羅慧夫精神』。其實在我當住院醫師的時候，最常跟我提到羅慧夫院長的就是他，這帶給我很深的影響。」周醫師說：「即便陳志豪醫師並沒有直接受到羅慧夫院長的薰陶，但他一直堅持把羅院長的精神，刻劃在我們這一輩的醫師身上。」

也許就是這樣的耳濡目染，促使周邦昀醫師在擔任總醫師那一年，

◀2011年，羅慧夫院長試穿第二代弟子周邦昀等設計的「整形外科紀念服」，上面寫著「since 1976」，也就是整形外科緣起於羅院長至長庚服務那一年。

與陳志豪醫師，還有蔡嘉軒醫師、陳宏彰醫師等幾位同學，簡單做了一版長庚整形外科的紀念服。「第一版只做了十件，上面繡的字樣是「CGMH plastic surgery 2010」（長庚紀念醫院整形外科2010），因為是2010年做的。後來我們趁羅慧夫院長回來的時候跟他要了簽名，再把2010改成「since 1976」（緣起於1976年），這款新版的紀念服，大家就搶著要了。」周邦昀醫師說：「羅慧夫院長最後一次回來參加長庚論壇是2013年，當時我在基隆長庚服務，但說什麼也要回到林口長

庚，把新版的衣服親手送給他。」

　　下一次再見到羅院長，已經是 2017 年了。「我在美國德州進修，因為時間無法配合，就沒有跟陳志豪醫師同到大急流城拜訪羅慧夫院長。」周邦昀醫師說：「幸運的是，返台兩個月後，剛好前部長羅綸洲醫師要去美國顱顏學會開會，我就跟著羅醫師，還有高雄的賴瑞斌醫師一起，於會議前先到大急流城拜訪羅院長。」

　　拜訪時會討論《PRS》（整形與重建外科期刊）上的文章，這件事雖然早在意料之中，但羅慧夫院長表現出來的專注，還是讓周邦昀醫師印象深刻。他說：「羅院長平時講話不多，但是在討論期刊文章的時候，他完全沒有猶豫跟遲疑，有時還會突然冒出一兩句台語，比如在跟羅部長、賴醫師對話的時候，我就聽到羅院長用台語問：『你現在開這個刀，是誰協助你開的？』」

　　周邦昀醫師表示：「另外一個很大的衝擊是，我們那幾天的活動，大多是在羅太太（Lucy）的客廳舉行，會場布置都採用羅慧夫院長跟台灣親友的合影，或是他在台灣得到的獎盃、獎狀、獎章。又因為羅院長需要比較多的醫護支持照顧，晚上都必須回到他獨住的房間。那幾天跟羅綸洲醫師輪流把羅慧夫院長推回房間的時候，我都會覺得有點 sad（心裡難過），那樣的感覺，是很難形容出來的。」

　　「現在我覺得，雖然我們來不及參與過去的歷史，但是我們要知道羅慧夫院長他帶給我們的影響，也去思考之後我們應如何把身為整形外科醫師的本分做得更好。」說到這裡，周邦昀醫師拿出皮夾，再從中拿出一張照片，照片上的主角，赫然便是羅慧夫院長。「2017 年，我們收集一些舊的投影片，把它們重製。這張照片有多做幾張，我就留下一張，放在皮夾裡。這是我的護身符，也是隨時提醒自己有關羅慧夫院長帶給我們的感動，以及我們該如何把他的精神傳承下去。」

▲2017年，長庚顱顏外科醫師赴美探視羅慧夫院長，右起為羅院長夫人、羅慧夫院長、羅綸洲醫師、賴瑞斌醫師夫婦、羅綸洲夫人、羅慧夫女兒南西、周邦昀醫師。

▲2017年3月，三位長庚醫師偕家屬至密西根州大急流域，探望羅慧夫院長，後排左起為羅綸洲醫師、賴瑞斌醫師、周邦昀醫師與羅綸洲夫人，前排右起為賴瑞斌夫人，羅慧夫院長夫婦。

舉辦四院區research day 傳承羅慧夫精神

另外，2020 年 6 月，長庚整形外科為了紀念羅慧夫醫師，由林有德主任及陳志豪醫師領軍舉辦四院區 research day（研究日），歷年系友及外籍研究醫師都來參與，大家同聚一堂，不忘宣導傳承羅慧夫精神。

▲2020年6月，長庚整形外科的research day（研究日）活動中，四院區主任握手象徵團結，左起嘉義長庚陳建銘主任、林口長庚林有德主任、高雄長庚林燦勳主任、基隆長庚蔡嘉軒主任。

▲2020年6月，長庚整形外科的四院區 research day（研究日）活動中，年輕醫師在海報牆前大合照，象徵世代傳承。

愛，薪火相傳
——羅慧夫精神永不息

▲2020年6月，長庚整形外科的research day（研究日）活動中，歷年系友回來，還有外籍研
　究醫師一同參與，並拍團體照。

羅慧夫院長生平大事記

愛，薪火相傳
—— 羅慧夫精神永不息

1927　6月29日生於美國愛荷華洲（Iowa）橙鎮（Orange City）。

1945　至海軍醫院服役。

1947　退伍進入密西根（Michigan）候普學院（Hope college），並擔任學生會主席。

1950　進入美國愛荷華大學醫學院（Iowa University, College of Medicine）就讀。

1954　醫學院畢業，與白如雪結婚。

1958　接受台灣馬偕醫院院長夏禮文邀請，舉家遷台。

1959　9月28日全家來台，第二天馬上去學台語。

1960　擔任馬偕醫院院長（直到1976年）。

1966　羅慧夫任命張錦文為台灣第一個醫院行政副院長；同年創設小兒麻痺重建中心及唇顎裂治療中心。

1967　設立台灣第一個加護病房12床。

1968　設立燙傷中心，救治來自全台的燒燙傷患者；籌募新台幣100萬元成立特別基金，診療兔唇兒童、燙傷兒童及嬰幼兒整形。

1969　三月創立東南亞第一處「自殺防治中心」，隨後發展成「生命線」，為台灣最早的心理諮商專線；二月淡水馬偕分院與馬偕護校破土興建；馬偕生命線成立。

1971　成立台灣第一個燙傷病房。

1974　開創「身心內科」，強調身心並重，精神、肉體兼顧的醫療觀念。

1975　馬偕生命線脫離馬偕醫院，向政府立案成立「台北生命線」，
　　　為台灣各地「生命線」的濫觴。12 月 31 日卸任馬偕院長。

1976　轉任長庚醫院擔任第一任院長兼整形外科主任。

1981　獲頒長庚醫院永久榮譽院長。

1983　羅慧夫獲頒西北學院（Northwestern College）傑出校友獎
　　　（Outstanding Alumnus Award）。

1984　5 月成為美國整形外科學會（American Association of Plastic
　　　Surgeons）的會員。

1986　5 月由候普學院頒贈傑出校友獎。

1987　長庚醫院顱顏中心成立。

1988　羅慧夫夫婦二人得到母校候普學院的榮譽博士學位。

1989　12 月捐出新台幣 300 萬元成立「財團法人羅慧夫顱顏基金會」。

1993　獲「吳尊賢愛心獎」。

1994　獲頒國際整形外科最高榮譽的麥林尼克（Maliniac）特殊貢獻
　　　獎。

1996　榮獲台灣「醫療奉獻獎」

愛，薪火相傳
—— 羅慧夫精神永不息

1999　11 月 2 日李登輝總統在總統府頒授「紫色大綬景星勳章」。

　　　　11 月 3 日衛生署長詹啟賢頒「一等衛生獎章」。

1999 ～從長庚醫院退休回美國後，仍然到開發中國家從事唇腭裂義診
　　　　與教學工作。

2011　榮獲英國整形外科界最高榮譽的 Gillies Lecture 獎。

2017　榮獲第九屆「總統文化獎——人道奉獻獎」

2018　12 月 3 日清晨於美國密西根州大湍城於睡夢中安詳辭世，享壽
　　　　91 歲。

2019　1 月 4 日總統蔡英文及行政院長賴清德共同頒發褒揚令。

我曾使用我的雙手，

試著在愛中治癒別人，

不論是他們殘破的心、靈或是身體。

國家圖書館出版品預行編目 (CIP) 資料

愛，薪火相傳：羅慧夫精神永不息 / 台灣顱顏學會著作.
-- 初版 . -- 臺北市 : 有故事股份有限公司 , 民 110.06
　　面；　公分
　　ISBN 978-986-95921-8-5(平裝)

1. 羅慧夫 (Noordhoff, Samuel) 2. 醫師 3. 傳記 4. 美國

785.28　　　　　　　　　　　　　　110008313

愛，薪火相傳
—— 羅慧夫精神永不息

著　作　人／台灣顱顏學會

編輯委員／陳志豪、張乃仁、周邦昀、盧亭辰

出　版　者／有故事股份有限公司

發　行　人／邱文通

總　編　輯／李漢昌

採訪撰稿／莊政霖、莊家華

照片提供／長庚紀念醫院顱顏中心、羅慧夫顱顏基金會、受訪者

封面照片／長庚紀念醫院整形外科及照片中各醫師

封面設計／張乃仁、林姮聿、陳姵如、鄒雅惠

內文編排／唯翔工作室、林姮聿

行銷企劃／林姮聿、葉威圻

地　　　址／臺北市信義區基隆路一段 178 號 12 樓

電　　　話／（02）2765-2000

傳　　　真／（02）2756-8879

公司網址／ www.ustory.com.tw

印　　　刷／文聯彩色製版印刷有限公司

總　經　銷／大和書報股份有限公司

出版日期／ 110 年 6 月初版一刷

定　　　價／ 360 元